Marc Hujer

Auch nur ein Mensch

Marc Hujer

Auch nur ein Mensch

Politiker und ihre Leidenschaften –
und was sie uns über sie verraten

Deutsche Verlags-Anstalt

Für meinen Vater

Inhalt

Vorwort

»Leidenschaft« ist ein Begriff, den Politiker gern bemühen, weil sie sich dem Verdacht entziehen wollen, sie seien nur an Ämtern, Ruhm und Macht interessiert. FDP-Parteichef Christian Lindner sagt: »Politik ist für mich kein Beruf, sondern eine persönliche Leidenschaft.« Die Linken-Politikerin Sahra Wagenknecht meint: »Ohne Leidenschaft kann man keine Politik machen.« Der CDU-Politiker Philipp Amthor erklärt: »Meine Priorität ist der leidenschaftliche politische Einsatz für unser Land.« Und von Altkanzler Gerhard Schröder ist der Satz überliefert: »Leidenschaft ist wichtiger als Augenmaß.«

Politiker, die sich einer Sache aus Leidenschaft verschreiben, wirken nahbarer, menschlicher, aber auch glaubwürdiger. Deswegen reden sie zuweilen auch gern über Dinge, die sie privat mit Leidenschaft betreiben.

Elf deutsche Spitzenpolitiker und Spitzenpolitikerinnen waren bereit, mir mehr über ihre Leidenschaften neben der Politik zu erzählen und sie ein paar Stunden lang mit mir zu teilen. Ihre Hobbys stammen teils aus Kindheitstagen, wie Christian Lindners Faszination für Autos, die Tanzleidenschaft der Grünen-Politikerin Katrin Göring-Eckardt oder die Fußballliebe des langjährigen Juso-Vorsitzenden Kevin Kühnert. Aber es gibt auch spät entdeckte Liebhabereien wie Gerhard Schröders Begeisterung für den Golfsport oder

Sahra Wagenknechts ambitionierte Ausflüge mit dem Fahrrad ebenso wie den Entschluss von SPD-Generalsekretär Lars Klingbeil, sich mit Crossfit in Form zu halten. Ein Hobby muss nicht weniger Passion sein, nur weil es noch nicht so lange ausgeübt wird.

Und natürlich haben die meisten nicht nur ein einziges Hobby.

Markus Söder spielt nicht nur Tennis, er schwimmt auch. Anton Hofreiter macht nicht nur gern Pralinen selbst, er malt auch Bilder. Und Philipp Amthor ist nicht nur Jäger, sondern auch Autoliebhaber. Schon allein die Auswahl, bei welcher ihrer Freizeitbeschäftigungen ich die Politikerinnen und Politiker begleiten durfte, erzählt eine eigene Geschichte. Dass sich die CDU-Politikerin Julia Klöckner etwa auf die Frage nach ihrer Leidenschaft »Vespafahren« aussuchte, und zwar mit der Begründung, so am leichtesten einen Parkplatz in ihrem Heimatort Bad Kreuznach zu finden, sagt vielleicht mehr über sie, als wenn sie vorgeschlagen hätte, zusammen eine Runde Tischtennis zu spielen, einen Sport, den sie seit ihrer Jugend betreibt.

Jede meiner Begegnungen in diesem Buch ist auch der Versuch, Politiker in einem anderen Umfeld zu zeigen, also fernab der Parteitage, Plenarsäle und Fernsehstudios, in denen sie feste, seit Jahren einstudierte Rollen einnehmen. Sie alle sind Profis; sie sind rhetorisch geschult und erfahren im Umgang mit Journalisten, sie haben

Fachreferenten, Pressesprecher, Redenschreiber und Medienberater zur Seite. Sie wissen sich so zu präsentieren, wie es für sie am günstigsten erscheint.

Wie aber geben sie sich in einer anderen Umgebung, unbeobachtet von der Öffentlichkeit?

Natürlich spielt in allen Begegnungen auch die bewusste Inszenierung eine Rolle. Nur weil es um persönlichere Fragen geht, vergessen Politiker nicht, dass sie im Fokus stehen. Und natürlich wollen sie mit den Einblicken, die sie in ihr Privatleben gewähren, auch eine Botschaft vermitteln.

Altbundespräsident Christian Wulff etwa besorgte für unser Treffen in seinem Haus in Großburgwedel Kuchen von der Bäckerei Gaues, die Wulffs ersten kleinen Medienskandal auslöste. Und Markus Söder, der sich immer sehr bewusst darstellt, kam zu unserem ersten Tennismatch in der Halle des 1. FC Nürnberg mit einem T-Shirt der »Championships« in Wimbledon, dem wichtigsten Tennisturnier der Welt.

Trotzdem ist eine Begegnung im eigenen Wohnzimmer oder auf dem Tennisplatz etwas ganz anderes als ein Gespräch in einem Büro. Plötzlich stehen Kinder in der Tür oder man trifft den Ball nicht wie geplant, es passiert jedenfalls immer wieder etwas Unvorhergesehenes, das eine spontane Reaktion verlangt: Anton Hofreiter etwa steckte mit mir quälend lange im Stau, nachdem ich mit ihm in Tirol wandern gegangen war, Julia Klöckner kippte vor mir mit ihrer Vespa um, als wir zusammen in die Weinberge bei Bad Kreuznach fuhren, und Philipp Amthor hatte es auf unserem gemeinsamen Jagdausflug plötzlich sehr eilig, weil er noch auf einem Grillabend eingeladen war.

Die Bereitschaft, sich jenseits des politischen Alltags von einem Journalisten begleiten zu lassen, bedarf deshalb zunächst einmal der Bereitschaft, Kontrolle abzugeben.

Im Privatleben sind auch Politiker keine Profis mehr. Markus Söder geht auf dem Tennisplatz schnell die Luft aus, Anton Hofreiter kommt auf einer Bergwanderung an keinem Gasthaus vorbei. Politiker offenbaren so ihre kleinen Schwächen. Einigen fällt das leichter als anderen.

Ich habe für dieses Buch auch mehrere Politikerinnen und Politiker angesprochen, die sich nicht darauf einlassen wollten, mit mir zusammen ihr Hobby zu pflegen. Eine Spitzenpolitikerin etwa, die passionierte Reiterin ist, fürchtete danach lesen zu müssen, sie sitze »hoch zu Ross«. Es gibt im Politikbetrieb eben nichts, das für unmöglich gehalten wird.

Alle, die in diesem Buch beschrieben sind, haben sich etwas getraut, indem sie sich anders gezeigt haben, als man sie gemeinhin kennt. Die Art und Weise, wie sie ihre Freizeit verbringen, verrät auch etwas darüber, wer sie sind – unmittelbar und ungewohnt.

Man muss die hier Porträtierten nicht mögen und ihre Hobbys nicht teilen. Aber sie alle verdienen einen vorurteilsfreien Blick. Sie haben sich einen der schwersten Berufe ausgesucht, der weder Wochenenden noch frühe Feierabende kennt, der, selbst wenn sie es nach ganz oben geschafft haben, noch immer oft mühselig und kleinteilig ist. Sie müssen viel Kritik einstecken, Shitstorms, Hassmails aushalten, manche von ihnen müssen sogar damit klarkommen, dass sie bisweilen Morddrohungen erhalten.

Dabei ist jeder von ihnen auch nur ein Mensch.

Winning Ugly
Tennis mit Markus Söder

In seiner politischen Karriere war dem
bayerischen Ministerpräsidenten fast jedes
Mittel recht, um nach oben zu kommen. Auf
dem Tennisplatz versucht er, lässig zu sein.

Markus Söder war 13 Jahre alt, als er zum ersten Mal Tennis spielte. Sein Vater Max Söder, Maurermeister aus der Nürnberger Westvorstadt, hielt nicht viel von Sport, schon gar nicht von Tennis. Wenn er schon Sport treiben wolle, riet ihm der Vater, solle er lieber einen Kasten Bier in den Keller tragen. Sein erster Schläger war einer von Intersport für 20 D-Mark. Zur Konfirmation bekam Markus Söder erstmals einen besseren geschenkt, einen Völkl-Schläger aus Carbon. Seine Mutter zahlte ihm heimlich Trainerstunden beim ATV Nürnberg, und so lernte er alles, was man als Tennisspieler können muss: Vorhand, Rückhand, Aufschlag, Volley und Smash, auch den Unterschied zwischen Topspin und Slice. Nach der Schule ging er auf den Tennisplatz, spielte gegen andere Jungs und schaute Mädchen in ihren Tennisröckchen hinterher. Als er gut genug war, spielte er mit der Vereinsmannschaft in der Bezirksliga und wurde von einem Kroaten trainiert, »dem Jugo«, der ihn mit Brad Gilbert verglich, einem amerikanischen Tennisprofi, der in den Achtzigerjahren für seine hässliche Art, Tennis zu spielen, gefürchtet war. Gilbert spielte bodenständiges Tennis, ohne spektakuläre Schläge, quälte aber seine Gegner mit Psychotricks und unangenehmen Schlägen und gewann.

Söder fand das interessant: Ein Mann, der die Hässlichkeit seines Spiels zu einer speziellen Form von Cleverness erhob.

Gilbert war zwar nie die Nummer eins, aber die Besten seiner Zeit hat er alle mal geschlagen: John McEnroe, Jimmy Connors, Boris Becker, Andre Agassi. Nach dem Ende seiner Karriere schrieb er darüber ein Buch, das er *Winning Ugly* nannte, hässlich gewinnen, und als Ratgeber für »mentale Kriegsführung im Tennis« verkaufte. Er beschreibt darin, wie er die Großen zur Verzweiflung trieb, zum Fluchen, zum Schlägerwerfen, ja zu dem Entschluss, die Karriere zu beenden, aus Scham, gegen ihn verloren zu haben. »Wenn ich gegen Spieler wie ihn verliere«, zitiert Gilbert John McEnroe, »was soll ich noch auf dem Platz?«

Das kam an. *Winning Ugly* wurde ein Bestseller, weltweit.

Auch Markus Söder hat das Buch gelesen.

Vor dem Spiel

»Wenn das Match beginnt, hat es schon längst begonnen.«
Brad Gilbert, Winning Ugly

An einem Februarmorgen im Jahr 2020 sitze ich in der Tennishalle des 1. FC Nürnberg und warte auf Markus Söder. Wir sind zum Tennisspielen verabredet, zum zweiten Mal.

Das erste Mal ist ziemlich genau zwei Jahre her, gleiche Zeit, gleicher Ort, ein Morgen Anfang März, ebenfalls die Tennishalle des 1. FC Nürnberg, und doch liegen zwischen diesen beiden Tagen Welten. Damals war Markus Söder noch nicht Ministerpräsident, sondern lediglich designiert, er war noch nicht CSU-Vorsitzender, sondern lediglich Vorstandsmitglied, er stand überall kurz davor: die Spitze zu stürmen, die neue Nummer eins zu werden. Aber den letzten Machtkampf mit Horst Seehofer, der bis zuletzt alles daransetzte, Söders Aufstieg zu verhindern, hatte er noch nicht gewonnen.

Als ich damals zur Tennishalle lief, rief mich seine Pressesprecherin an und wollte wissen, wie lange ich noch brauchen würde. Es überraschte mich, weil ich absolut pünktlich war, der Anruf kam zehn Minuten vor dem vereinbarten Termin, und ich war vielleicht noch zwei Minuten entfernt. Aber ich fühlte mich ertappt. Söder war offenbar schon da und wartete auf mich. Ich bekam ein schlechtes Gewissen und war, noch bevor das Match auf dem Tennisplatz begonnen hatte, in der Defensive.

Über Markus Söder heißt es, dass er immer schon da ist, wo seine Gegner erst hinkommen wollen. Als Landesvorsitzender der Jungen Union stand er im Ruf, auf jedem Schrebergartenfest der Erste zu sein und im Zweifel auch noch das Fass Bier selbst mitzubringen. Später, als bayerischer Minister der Finanzen, für Landesentwicklung und Heimat, verteilte er fast täglich neue Förderbescheide, lud Kommunalpolitiker zu Heimatempfängen ein oder bedachte sie mit Ehrungen. Wenn es darum ging, Mehrheiten in der Partei zu organisieren, war er nicht einzuholen, die entscheidenden Leute hatte er schon angerufen, bevor andere es tun konnten. Der »Immer-da-Söder« hieß er, der es stets schafft, allen zuvorzukommen.

Nur diesmal nicht; das hatte ich mir fest vorgenommen.

Wir sind wieder um 11 Uhr verabredet, wie vor zwei Jahren, aber diesmal bin ich weit vor der vereinbarten Zeit da, um mich nicht noch einmal überholen zu lassen.

Aber diesmal versucht er nicht einmal, pünktlich zu sein.

Am Tag zuvor hatte sich wieder einer seiner Pressesprecher gemeldet, um zu erfahren, was ich von Söder wollte, außer ein bisschen Tennis mit ihm zu spielen und ihn dabei fotografieren zu lassen, was er bei unserer ersten Begegnung auf dem Platz nicht zulassen wollte. Ich sagte seinem Sprecher, ich würde ihn darüber hinaus gern zu einer Revanche herausfordern.

Damals haben Söder und ich nämlich ein Match gespielt, das er gewann, wenn man es tatsächlich ein Match nennen will: Denn mehr als zwei Aufschlagspiele wollte Söder nicht spielen, bis es entweder 1:1 oder 2:0 für den einen oder den anderen stand. Das war seine Idee.

Ein ganzes Match war ihm zu lang, ein ganzer Satz ebenfalls. Nach zwei Aufschlagspielen führte Söder 2:0, er spielte überraschend fehlerfrei dafür, dass er, wie er sagte, zuletzt kaum auf dem Platz gestanden habe. Keinen einzigen Doppelfehler machte er, auch keinen leichten Fehler, weder mit der Vorhand noch mit der Rückhand. Ans Netz ging er nie, er wartete auf meine Fehler.

Ich verlangte schon damals eine Revanche. »Noch einmal zwei Aufschlagspiele«, rief ich Söder über das Netz hinweg zu. »Wenigstens einen Tiebreak!« Aber er schüttelte den Kopf. Ich würde jetzt ja ohnehin gewinnen, wegen meiner besseren Kondition.

»Ich schenke Ihnen das Spiel«, rief er demonstrativ großzügig.

Tennisspieler teilen ihre Gegner gern in zwei Kategorien ein: auf der einen Seite die Spieler, die alles beherrschen, die technisch perfekt und vielseitig sind, die eigentlichen Stars, die man für ihr Spiel respektiert, ja verehrt; auf der anderen Seite die sogenannten Schüttler, die sich vor allem dadurch auszeichnen, dass sie jeden Ball zurückschlagen, egal wie. Bei ihnen kommt es weniger auf die Schönheit der Schläge an, sie strampeln sich ab während des Spiels, und was sie vor allem brauchen, ist Zähigkeit und Kondition.

Es ist deshalb nicht unbedingt freundlich gemeint, wenn ein Tennisspieler dem anderen Tennisspieler eine »bessere Kondition« bescheinigt. Im Gegenteil.

Aber jetzt, zwei Jahre später, beginnt ja alles von vorn, von Null, auch konditionell.

Ich hoffe bis zuletzt auf eine Revanche.

Es ist Viertel vor zehn, als Markus Söder endlich die Tennishalle des 1. FC Nürnberg betritt, gefolgt von einer Boygroup älterer Männer, unter denen auch der langjährige stellvertretende Vorsitzende der Tennisabteilung des 1. FC Nürnberg ist, der Söder nicht nur den Herrn Ministerpräsidenten nennt, sondern »unseren Landesvater«. Söder hat einen breiten, leicht schwankenden Gang, ein Baumstamm auf Beinen. der auch seit seiner Wahl zum Ministerpräsidenten nicht eleganter geworden ist.

Er trägt einen Trainingsanzug des 1. FC Nürnberg, schwarz, streifenfrei, nur mit dem rot-weißen Vereinswappen auf der linken Brust, dazu schwarze Allzweckschuhe, die auch gut zu einem schwarzen Anzug passen würden. Es ist, als versuche er selbst auf dem Tennisplatz noch so viel Ministerpräsident wie möglich zu bleiben, gerade er, der vor seiner Zeit als bayerischer Regierungschef für seinen Hang zu allerlei Verkleidungen bekannt war.

Bevor er Ministerpräsident wurde, war die Prunksitzung des Fastnacht-Verbandes Franken in Veitshöchheim bei Würzburg sein wichtigster Termin, das größte bayerische Fernsehereignis mit über vier Millionen Zuschauern; mehr Menschen auf einen Schlag konnte er für den Rest des Jahres kaum erreichen. Der Aufwand, den er dafür betrieb, war außergewöhnlich groß. Ein Maskenbildner, den er eigens vom Nürnberger Staatstheater engagierte, verwandelte ihn in jeweils mehrstündigen Sitzungen in die Person seiner Wahl. »Man muss sich schon Mühe geben«, sagte Söder, als ich

ihn auf seine aufwendigen Verkleidungen ansprach, sonst sei das wie im Film »Das Leben des Brian«, nur Klamauk.

Mal ging er als Shrek, mal als Homer Simpson, mal als Marilyn Monroe, als Eisbär »Flocke« aus dem Nürnberger Zoo oder als Punk im schwarzen Muskelshirt mit der Aufschrift: »Hast Du mal nen Euro«, ein Kostüm, mit dem er es 2012 sogar auf die Titelseite des *Wall Street Journal* schaffte. Im Fasching 2018 schließlich, dem letzten, bevor er Ministerpräsident wurde, trat er als Prinzregent Luitpold auf. Seitdem kommt er unverkleidet. Er ist jetzt, auch im Fasching, nur noch er selbst.

Als ich ihn das erste Mal zum Tennis traf, hatte er sich dafür sein »Wimbledonshirt« herausgesucht. So nannte er das grün-violett gestreifte Poloshirt, das er bei einem Besuch des Tennisturniers aller Tennisturniere in Wimbledon gekauft hatte.

Er kam als Tennisstar verkleidet, als Wimbledonspieler.

In dieser Zeit schien er offenbar zu glauben, er müsse, was Weltläufigkeit betrifft, noch etwas beweisen. Sein Rivale Horst Seehofer reiste damals als bayerischer Regierungschef um die Welt und schickte ihm vergiftete Grüße in die fränkische Provinz, aus Peking etwa, wo Seehofer im Kaiserpalast auf einem goldenen Stuhl Platz nahm und den Mitreisenden erklärte, auf so einem Stuhl würde der Markus jetzt sicher auch gerne sitzen.

Aber das hat Söder jetzt hinter sich. Vor Kurzem war er im Kreml und sprach dort eine halbe Stunde mit Wladimir Putin. Er empfing auf der Münchner Sicherheitskonferenz Staats- und Regierungschefs aus aller Welt und ist jetzt alles, was er immer werden wollte: Ministerpräsident, CSU-Parteivorsitzender, sogar als Kanzlerkandidat für die Bundestagswahl 2021 ist er im Gespräch. Er muss kein Wimbledonshirt mehr tragen.

»Naaaaaaaaaaaaaaaaaaaaaaaaaaa«, sagt Söder zur Begrüßung, befreit seinen Schläger von der Hülle, greift einen der Tennisbälle, die ich mitgebracht habe, und beginnt den Ball mit dem Schläger auf den Boden zu prellen. Dann dreht er sich um und lächelt mir ins Gesicht.

Sein Sprecher hat ihm offensichtlich erzählt, dass ich mir eine Revanche gewünscht habe.

»Ich weiß, Sie haben jetzt monatelang trainiert«, sagt Söder. »Aber für ein Match haben wir heute keine Zeit.«

Aufschlag

> *»Ich möchte, dass Sie wie eine Boa constrictor spielen. Wissen Sie, wie eine Boa constrictor tötet? Sie erdrückt ihre Beute nicht. Sie sorgt dafür, dass ihre Opfer ersticken. Jedes Mal, wenn das Opfer ausatmet, zieht die Boa constrictor die Schlinge um den Körper des Tieres ein wenig enger. Das Opfer kann immer weniger Luft einatmen. Und irgendwann kann es überhaupt nicht mehr atmen. Keine großen Aktionen. Nur ein ständiger Druck.«*
> Brad Gilbert, Winning Ugly

Markus Söder überlegt, wann er zuletzt Tennis gespielt hat. Ich habe ihn nicht danach gefragt, aber er überlegt trotzdem. »Ich hab das letzte Mal gespielt …«, sagt er und macht eine unnötig lange Kunstpause, die offenbar demonstrieren soll, wie ernsthaft und intensiv er darüber nachdenkt, mit wem und wann er das letzte Mal Tennis gespielt hat oder ob er überhaupt noch einmal gespielt hat, seitdem wir uns das letzte Mal getroffen haben.

»Letztes Jahr irgendwann«, fällt ihm schließlich ein.

Würde man die letzten zwei Jahre in Markus Söders Karriere als Tennismatch beschreiben, müsste man sagen, dass er in glatten zwei Sätzen gewonnen hat, 6 : 0; 6 : 0, ein Durchmarsch, ein nahezu perfektes Match, ohne einen einzigen Spielverlust.

Als Söder und ich noch Halbstarke waren (Söder ist eineinhalb Jahre älter als ich) und wir beide noch Tennis in der Bezirksliga spielten, Söder beim ATV Nürnberg, ich bei der TG 75 Darmstadt, hätten wir zu einem solchen Sieg wahrscheinlich »Brille« gesagt. Oder: »Loch-Loch«, für die zwei demütigenden Nullen, die wir unseren Gegnern zugefügt hätten; so wie man als junger Mensch eben redet, wenn man noch glaubt, der Welt beweisen zu müssen, dass man seine Gegner »zu null« vom Platz fegen kann.

Aber das ist jetzt ziemlich lange her, gut dreißig Jahre.

Er will jetzt lockerer sein.

Er dreht mir den Rücken zu, um an die Grundlinie zu gehen.

»Klein- oder Großfeld?«, rufe ich ihm hinterher.

Gerade wenn man wie Söder lange nicht gespielt hat, ist es üblich, sich kurz im Kleinfeld zwischen Netz und Aufschlaglinie einzuspielen, ein paar Schläge, um in den Rhythmus zu kommen, statt sich aus dem Stand gleich das volle Spielfeld vorzunehmen.

Aber für Söder kommt es offenbar nicht infrage, klein anzufangen, egal wie lange er nicht mehr auf dem Platz stand. Er will gleich im ganzen Feld spielen, mit voller Kraft von der Grundlinie aus.

»Kein Babytennis«, ruft er mir zu.

Es gibt ein Bild von Markus Söder, das gerne verbreitet wird: ein skrupelloser Machtmensch, dem jedes Mittel recht ist, um nach oben zu kommen, der allein auf seinen persönlichen Vorteil bedacht ist und seine Schamlosigkeit als Cleverness versteht. Seehofer sprach gern von Söders »Schmutzeleien« und verband damit auch die unausgesprochene Unterstellung, es sei Söder gewesen, der den Medien Seehofers uneheliches Kind gesteckt habe, um sich im Machtkampf mit ihm einen Vorteil zu verschaffen. Ein Vorwurf, den Söder, der selbst ein außereheliches Kind hat, immer bestritt, aber nie los wurde. Er passte zu gut ins Bild.

Er würde das Bild gerne korrigieren, jetzt, da er niemanden mehr beiseite räumen muss, um nach oben zu kommen, zumindest in Bayern.

Söder steht an der Grundlinie und spielt schöne, gerade Bälle, er holt aus, lässt den Schläger hinter dem Rücken sinken, dann schlägt er zu und schwingt nach vorn aus, eine runde Bewegung mit großer Schleife, so wie er sie lehrbuchgemäß beigebracht bekommen hat. Er ist bedacht darauf, dass alles gut aussieht, locker, schwerelos, schweißfrei. Wenn ein Ball knapp im Aus landet,

schlägt er ihn nicht zurück, vielleicht nur, um sich nicht übermäßig anzustrengen, vielleicht aber auch, um das Risiko zu minimieren, nicht optimal zum Ball gestanden zu haben, was einfach nicht gut aussieht auf Fotos.

Söder produziert gern Bilder. Mit Parteifreunden. Mit Landräten. Auf Schützenfesten. Er ließ sich mit Fernglas, Kapitänsmütze und Steuerrad fotografieren, um seine Sympathie für die Binnenschifffahrt zu demonstrieren, er besorgte sich eine Anglerhose, um als Minister für ein Foto am Wöhrder See in Nürnberg ein paar Setzlinge Schilfgras in den Boden einzupflanzen, damit jeder sieht, wie sehr er hinter der sogenannten Renaturierung des Nürnberger Stadtteichs steht.

Bilder sind ihm meist wichtiger als die Geschichten, die dazu geschrieben werden. Bilder bleiben.

Es ist nicht das erste Mal, dass sich Markus Söder auf dem Tennisplatz aufnehmen lässt. Aber auf den Fotos, die es vor unserem
Treffen gab, stand er nur da, den Schläger vor der Brust mit ge-
kreuzten Armen, lächelnd, schweißfrei, entspannt. Er vermied Bilder, die ihn mitten im Spiel zeigen. Es gibt viel, was dabei nicht
gut aussehen kann: Ein verzerrtes Gesicht. Gerötete Haut. Zu viel
Schweiß. Diesmal aber will er eine Ausnahme machen.

»Locker, nicht zu verbissen«, ruft Söder, so will er heute spielen.

Er ist ja jetzt Ministerpräsident. Für die eigene Inszenierung hält
Söder ein unerschöpfliches Repertoire an Requisiten bereit.

Im Tennis zum Beispiel einen Schläger von Donnay, die Schlägermarke von Björn Borg.

Ein Tennisschläger ist für einen Tennisspieler stets mehr als ein Schläger, er ist ein Sehnsuchtsobjekt. Söder hat in seinem Leben schon viele verschiedene Schläger unterschiedlicher Marken ausprobiert, Donnay, Völkl und jetzt wieder Donnay. Jeder neue Schläger, sagte er einmal in einem Interview, sei »ein weiterer Höhepunkt« seines Lebens gewesen. Und mit jedem Schläger verband er Personen, Björn Borg, Boris Becker, John McEnroe und, was ein spezielles Modell von Völkl betrifft, Max Wünschig.

»Kennen Sie Max Wünschig?«, fragte mich Söder bei unserem ersten Treffen. Man muss den Namen nicht kennen. Max Wünschig war zwischen 1976 und 1979 Deutscher Meister im Herren-Einzel und Doppelsieger. Es gibt größere Idole im Tennis. Aber Söder redet über Wünschig, als habe man etwas verpasst, wenn man noch nie von ihm gehört hat. »Max Wünschig, der Slicegott. Siebzigerjahre, Blau-Weiß Neuss«, sagte Söder, »sein Slice war wirklich wie ein Strich.«

Der Slice ist Söders Lieblingsschlag, er ist eklig für den Gegner, weil der Ball sich langsam in den Platz gräbt, kaum abspringt und schwer zu retournieren ist. Man muss sich bücken, und wenn man nicht seinerseits mit einem Slice antworten will, muss man den Ball auf kürzester Distanz wieder beschleunigen, also einen Tempowechsel wagen, der nicht ohne Risiko ist. Der Slice ist sozusagen ein perfekter Brad-Gilbert-Schlag, eine Folter, vor allem für einen Topspinspieler wie mich.

Nachdem wir weniger als fünf Minuten lang Bälle hin- und hergespielt haben, sagt Söder schon: »So, jetzt haben wir's doch bald.«

Sein Pressesprecher wendet sich an die Fotografin: »Haben Sie's im Kasten?«

Aber die Fotografin bittet Söder, ob er noch kurz im Kleinfeld spielen kann, näher am Netz.

Söder zögert; es könnte ein Bild entstehen, das ihm möglicherweise nicht gefällt. »Da werden die Leute wahrscheinlich sagen, die zwei Kerle können gar kein Tennis spielen, die spielen doch Babytennis«, sagt Söder. Dann aber macht er es doch.

Wir schlagen ein paar Bälle, Söder eher widerwillig.

»Es macht nur leider keinen Spaß«, sagt er.

Wir beginnen, Volleys zu spielen, bei denen der Ball nicht den Boden berührt. Das macht ihm mehr Spaß.

Er meint jetzt: »Wir sollten vielleicht zusammen Doppel spielen.«

Im Doppel kommt es, mehr als beim Einzel, auf Volleys an.

Wir schlagen ein paar schnelle Volleys, dann versuche ich einen Lob, einen hoch und weit über ihn gespielten Ball. Er schmettert. Ich lobbe noch mal. Er schmettert wieder.

Die Fotografin, die Söder endlich in Bewegung sieht, ruft begeistert: »Noch mal!« Aber das ist Söder einmal zu viel. Er möchte die Kontrolle nicht aus der Hand geben.

»Nee«, sagt er, »zweimal reicht. Das ist ein Foto, kein Stress.«

Der Pressesprecher, der noch immer an der Seitenlinie steht, hat das Wort »Stress« gehört und als klares Signal seines Chefs verstanden zu intervenieren. Er wendet sich an die Fotografin, die noch am Netz kniet und auf das nächste Foto wartet, und fragt wieder: »Wie schaut's aus, alles im Kasten?«

»Machen wir die Runde noch fertig«, sagt Söder. »Dann ham wir's jetzt.«

Rückschlag

»Wenn Sie einen Zahnarzt besuchen, sind Sie mental vorbereitet. Sie sagen sich: ›Es wird sicher schmerzhaft, aber es ist bald vorbei.‹ Sie nehmen eine gewisse Haltung an. In dem Augenblick, in dem Sie ›Mund auf, es wird ein bisschen wehtun‹ hören, sind Sie mental auf Schmerzen eingestellt. Gegen einen Zurückspieler sollten Sie genau das Gleiche tun. Bereiten Sie sich darauf vor, leiden zu müssen.«
Brad Gilbert, Winning Ugly

Söder packt den Schläger in die Hülle, plötzlich hat er es überhaupt nicht mehr eilig.

Er zählt seine größten Sportidole auf.

Boris Becker. Lothar Matthäus. Michael Groß.

Boris Becker ist klar: Tennisspieler, jüngster Wimbledonsieger, ein logischer Held seiner Jugend.

Lothar Matthäus: Franke wie er, ebenfalls ein deutscher Held, auch wenn er trotz seiner großen Erfolge immer ein bisschen belächelt wird.

Aber Michael Groß, der dreifache Olympiasieger im Schwimmen?

»Schwimmen fand ich bei den Olympischen Spielen faszinierend«, sagt Söder. Es sei damals noch in der »Sportschau« gezeigt worden. Es ist nicht ganz klar, warum das für Groß als Idol sprechen soll, aber vielleicht ging es ja nur um dessen Erfolg und natürlich das Schwimmen.

Söder spielt nämlich nicht nur gern Tennis, er schwimmt auch gern.

Beim Schwimmen hat Markus Söder seine spätere Frau, die Unternehmertochter Karin Baumüller, kennengelernt, an einem Sommertag im Jahr 1992 im Nürnberger Naturgartenbad, wo er mit ihr über das Thema Sonnenbrand ins Gespräch kam.

Selbst als Politiker ist er schwimmen gegangen, gern auch öffentlich.

Es gibt ein Video von Söder im Wöhrder See, den er im Sommer 2016 in einem Ganzkörperanzug durchquert. Er wirkt ein bisschen atemlos, als er dabei sagt: »Hallo, ich schwimm in der Norikusbucht, sensationell, geb zu, ein bisschen kalt, aber echt sauber, das Wasser.« Nicht unbedingt eine Sternstunde seiner Karriere, aber ein immer wieder gern angeklicktes Video, das zumindest beweist, dass er brustschwimmen kann.

Bevor ich auf die Idee kam, mit Söder Tennis zu spielen, wollte ich mit ihm schwimmen gehen. Dass Tennis seine viel größere Leidenschaft war, schien über die Jahre in Vergessenheit geraten zu sein auf seinem langen, hart umkämpften Weg an die Spitze der bayerischen Politik.

Wir konnten uns erst nicht darauf einigen, wann und wo wir zusammen schwimmen gehen sollten. Es ging um Wassertemperaturen, um die richtige Jahreszeit, um die Frage: Hallenbad oder See? Söder gefiel die Idee, im Starnberger See schwimmen zu gehen, genau an der Stelle, an der König Ludwig II., Bayerns verrückter Märchenkönig, im Jahr 1886 ein letztes Mal in den See gestiegen war. Aber ich hielt das für zu viel Klamauk, ich dachte eher an etwas Normales, an einen Besuch seines Hallenbades, in dem er regelmäßig trainiert.

Und so vergingen Wochen und Monate, bis wir uns in Nürnberg

am Wöhrder See zum Sonntagsspaziergang trafen, im Winter 2018. Es war viel zu kalt zum Schwimmen, aber in diesem Moment erschien es mir als die beste Annäherung an das, was seine eigentliche Leidenschaft war.

Er war mit seinem Smart gekommen, ohne Bodyguards, wie er betonte, nur in Begleitung seiner Pressesprecherin, die auch einen Smart fuhr, aber in einer anderen Farbe.

Es war Karnevalssonntag um 11 Uhr, kein gewöhnliches Wochenende für ihn, weil das der Sonntag vor seiner großen Rede zum politischen Aschermittwoch in Passau war, seiner ersten, mehr als einstündigen Grundsatzrede als designierter Ministerpräsident, in der er den Bayern »tausend Prozent Einsatz« versprechen sollte und absolute Treue: »Ich bin der Markus, hier bin i dahoam, und da will ich auch bleiben.«

Auf diesem Spaziergang um den Wöhrder See erzählte er mir so ziemlich alles, was man über ihn und Nürnberg wissen muss, über seine Verdienste als Sohn dieser Stadt und über den Wettbewerb, den er sich mit dem SPD-Bürgermeister Ulrich Maly um Heimatverbundenheit lieferte, gerade hier am Wöhrder See, der früher ein großer stinkender Tümpel war und heute die »Wasserwelt im Herzen Nürnbergs« genannt wird. Er zeigte mir sein kleines Stadtparadies mit drei aufgeschütteten Inseln, die das Wasser schneller abfließen lassen, und einem Badestrand, der im Volksmund angeblich »Söderstrand« heißt oder auch, neudeutsch, »Söder Bay«. Wir setzten uns noch in die gläserne Cafeteria des Pflegeheims Sebastianspital mit Blick auf das Wasser, bestellten ein Stück Sahnetorte, auf das wir beide wahrscheinlich gar keinen Appetit hatten, und redeten weiter, bis Söder irgendwann den ATV Nürnberg erwähnte, seinen ehemaligen Tennisclub, zu dem es auch nicht weit vom Wöhrder See war.

»Sie spielen also Tennis?«, fragte ich ihn.

»Nicht mehr so oft«, sagte er.

Aber wer einmal Tennis kann, verlernt Tennis nicht.

Wir vereinbarten, zusammen Tennis zu spielen.

»Beim Tennis«, sagt Söder bei unserem zweiten Treffen in der Halle des 1. FC Nürnberg, »ist die Grundfrage, ob man den richtigen Schwung hat.« Der Rest sei Übungssache.

Vor ihm steht jetzt die Fotografin, die ihn gern weiter fotografiert hätte, aber Söder hat sich dazu entschieden, ihr lieber etwas über Tennis zu erzählen. Eigentlich hatte er den Termin schon für beendet erklärt, aber nun dreht er erst richtig auf. Bei Spielern, die Tennis nicht so richtig beherrschen würden, sagt er, könne man das an der Bewegung analysieren. »Der brutalste Schlag ist der Aufschlag, wer's nicht so richtig kann, macht's so.« Er zeigt einen Aufschlag, absichtlich ungelenk, so wie man sich einen Rentner beim Federballspielen vorstellt.

Winning Ugly

Und dann richtig, so wie er es macht und alle anderen richtigen Tennisspieler.

»Die ganze Bewegung hier aus dem Knie heraus«, sagt Söder und zeigt, wie man den Ball hochwerfen und dann zuschlagen muss, am maximalen Punkt, maximale Streckung. »Und dann gehst du so nach vorn«, sagt er, zieht den beschriebenen Schwung nach und lässt sein Gewicht auf den rechten Fuß fallen. »Da musst du aufpassen, dass du dich extrem aufwärmst, sonst kannst du dich echt verletzen«, sagt Söder.

Er ist bei den unterschiedlichen Aufschlagarten angekommen. »Es gibt die, die einfach draufhauen«, sagt Söder. »Aber dann auch die mit Drall.« Vor allem fürs Doppel seien die wichtig.

»Beim Doppel kannst du nicht Krawumm machen«, sagt Söder, »deshalb musst du beim Doppel schauen, dass du den Ball möglichst weit rausbringst. Ich schau mir immer Borg oder McEnroe an, vor allem McEnroe.«

Er stellt sich an die Aufschlaglinie, um einen John-McEnroe-Aufschlag vorzumachen, die beiden Füße nicht wie üblich schräg oder leicht seitlich zur Grundlinie, sondern parallel dazu.

»Der McEnroe war Wahnsinn, der stellte sich quer an die Linie«, sagt Söder.

Er steht jetzt wie John McEnroe da und pendelt mit dem Schläger hin und her, wie es John McEnroe vor jedem Aufschlag gemacht hat, einmal, zweimal, dreimal, dann wirft er einen imaginären Ball in die Höhe, lässt den Schläger in den Rücken fallen, dreht seinen Oberkörper zum Netz und schlägt zu. »Diese extreme Drehung«, sagt Söder voller Bewunderung.

Dann steht er wieder am Netz, breitbeinig, mit seinem Schläger vor der Brust, und sagt, bei Boris Becker sei das ganz anders gewesen, die Wucht, mit der er Tennis gespielt habe, der Becker-Hecht, die Becker-Faust, der Schweiß, die Tränen. »Bei Becker war alles: Uaaaaaahhhhhh«, sagt Söder, um den Unterschied zu demonstrieren. Er lächelt zufrieden.

War es bei Becker nicht ein bisschen wie bei ihm?

Nichts fiel Söder einfach so zu. Er musste stets ein bisschen früher als andere aufstehen und stets ein bisschen länger als andere bleiben, um erfolgreich zu sein. Er hat nie etwas bekommen, nur weil man ihn nett fand oder weil er bewundert wurde.

»Wie alt sind Sie?«, fragt Söder.

»Ein Jahr jünger als Boris Becker«, antworte ich.

»Unsere Generation«, stellt Söder zufrieden fest.

Er ist Beckers Jahrgang, aber mit Becker verbindet ihn mehr.

»Ich bin an dem Tag, an dem Boris Becker zum ersten Mal Wimbledon gewonnen hat, bei uns Vereinsmeister geworden«, sagt Söder, »im Doppel.« Die ganze Zeit habe er sich kaum auf sein eigenes Spiel konzentrieren können. Ständig habe er gefragt: »Wie steht's beim Becker, wie steht's beim Becker?« Und als er dann vom Platz kam, begannen gerade die letzten Spiele des entscheidenden Satzes, und er, der gerade frisch gekürte Vereinsmeister, saß verschwitzt vor dem Fernseher und drückte Becker die Daumen, der dabei war, Nationalheld zu werden. Söder weiß nicht mehr, ob er sein eigenes Match in zwei oder drei Sätzen gewonnen hat, aber das, behauptet er, sei ihm völlig egal gewesen.

Es sei ihm nur um Boris Becker gegangen.

Nach dem Spiel

»Ihre Gegner werden sagen: ›Hey, deine Schläge haben sich doch gar nicht verbessert. Wie kommt es, dass du mich plötzlich schlägst?‹ Legen Sie ein Lächeln auf und antworten Sie: ›Es war heute einfach mein Tag, glaube ich.‹«
Brad Gilbert, Winning Ugly

Die Fotografin will zum Abschluss noch ein Porträtfoto am Netz machen, Söder im Stehen.

Söder stellt sich breitbeinig neben das Netz, nimmt seinen Schläger vor die Brust und verschränkt die Arme davor.

Die Fotografin hält das für keine besonders vorteilhafte Pose, aber Söder besteht darauf.

»Tennisspieler machen das so«, sagt er. »Die halten den Schläger genau so.«

Er wird langsam ungeduldig. Warum glaubt sie ihm nicht?

»So sind alle Tennisspieler«, sagt Söder, »so schützen die ihre Schläger, von Borg bis McEnroe, von Connors bis Đjoković, schauen Sie mal die alten Bilder an.«

Die Fotografin gibt nach. Und als sie ihn schließlich in der gewünschten Pose aufgenommen hat, ruft er ihr zu: »Schicken Sie mir auch mal ein Bild?«

Linksverkehr
Fahrradfahren mit
Sahra Wagenknecht

Die Politikerin der Linken betreibt alles,

was sie tut, mit kompromisslosem Ehrgeiz.

Aber weiß sie eigentlich, wohin sie will?

Mut

Sie steht vor der Tür ihres Hauses in Merzig-Silwingen, pünktlich zur vereinbarten Zeit, in Turnschuhen, Radlerhose, einem T-Shirt von Nike und mit einem Fahrradhelm, den sie schon festgezurrt hat. Sie schiebt ihr Fahrrad die Garagenausfahrt hinauf, ein schwarzes Trekkingrad von Stevens mit Federgabel und Aluminiumrahmen, nicht überambitioniert, aber hochwertig; sie wäre bereit zu starten, doch ausgerechnet jetzt beginnt es zu regnen.

»Wollt ihr heute wirklich 'ne große Runde fahren?«, fragt Oskar Lafontaine.

Ihr Mann steht da, den Bauch nach vorn gedrückt, wie ein Gutsbesitzer.

Sahra Wagenknecht ist irritiert. Sie hatte eben noch ihre Wetter-App konsultiert, derzufolge es eigentlich trocken bleiben sollte. Sie gab eine Regenwahrscheinlichkeit von 30 Prozent an, und 30 Prozent ist für Wagenknecht keine Größe, die man ernst nehmen muss.

Ihr Mann mustert den Himmel, der, wie er findet, schwer nach Gewitter aussieht. Er will eigentlich nicht, dass sie fährt. »Sie müssen wissen«, sagt er, »meine Frau hat Angst vor Gewittern.« Er wühlt in seiner Hosentasche nach seinem iPhone, um seinerseits die Regenwahrscheinlichkeit zu überprüfen. Auf seiner App liegt sie bei 80 Prozent.

Es ist der 2. Juni 2017, gut zwei Monate nachdem Oskar Lafontaine als Spitzenkandidat der Linken seinen letzten Wahlkampf beendet hat, der erste und einzige Wahlkampf, in dem er zusammen mit Sahra Wagenknecht auf einem Wahlplakat zu sehen war, was schon deshalb überraschte, weil die beiden bis dahin von ihrem Privatleben äußerst ungern etwas preisgegeben hatten. Nun aber zeigten sie sich auf dem Plakat nicht nur als Kandidaten, sondern als Paar, er mit Siegerlächeln, sie mit glühenden Wangen.

Ihre Gegner erzählen gern die Geschichte, dass Lafontaine sich seine Frau zur Untertanin gemacht habe, dass sie als seine Marionette den Rachefeldzug gegen die SPD weiterführen müsse.

Richtig ist, dass beide viele Jahre in der SPD den Feind erblickten. Für Lafontaine war sie die Partei, die sich von ihrem Kurs abgewendet und Gerhard Schröders angeblich unsozialer Agendapolitik unterworfen hatte. Für Wagenknecht war es die SPD, die mit anderen politischen Parteien des Westens ihre alte, vertraute Welt, die DDR, übernommen hatte. Auch wenn Wagenknechts Verhältnis zur DDR durchaus ambivalent war, schließlich durfte sie dort nicht studieren, hatte sie nach der Wende kein Verständnis für die Landsleute, die sich, wie sie es sah, opportunistisch dem Westen ergaben.

Nun aber liegt die SPD schon seit Jahren am Boden. Für Lafontaine war es eine Genugtuung, als die Regierung von Gerhard Schröder 2005 abgewählt wurde. Doch der Bruderkrieg im linken

Lager hat auch dazu geführt, dass die Konservativen seitdem unangefochten regieren.

Lafontaine und Wagenknecht hatten deshalb einen Plan, der im Saarland beginnen sollte: SPD und Linkspartei gewinnen die Wahl, bilden zusammen erstmals eine rot-rote Regierung in einem bundesdeutschen Flächenland, die Begeisterung für eine linke Machtalternative überträgt sich auf das Bundesgebiet, weshalb bei der Bundestagswahl im Herbst 2017 SPD und Linkspartei ebenfalls als Sieger hervorgehen und zusammen mit den Grünen nach zwölf Jahren unter Bundeskanzlerin Angela Merkel wieder eine linksgeführte Koalition die Bundesregierung stellt, zu der dann, selbstverständlich, auch Sahra Wagenknecht gehört.

Im Saarland ging der Plan zwar zunächst nicht auf, die SPD verlor einen Prozentpunkt gegenüber der letzten Wahl 2012, die Linke sogar mehr als drei Prozentpunkte, aber es bleibt in diesem Sommer 2017 noch immer die Hoffnung auf eine zweite Chance bei der Bundestagswahl. Die Begeisterung für den SPD-Kanzlerkandidaten Martin Schulz hält jedenfalls zu diesem Zeitpunkt noch an, ein Maß für die mögliche Wechselstimmung im Land.

Es soll auch Wagenknechts Chance sein.

Wir wollten eigentlich schon kurz nach der verlorenen Landtagswahl zusammen Fahrrad fahren, aber dann wurde Sahra Wagenknecht krank, und wir mussten den Termin um ein paar Wochen verschieben. In dieser Zeit konnte sie offenbar nicht trainieren, ihre Mitarbeiterin schrieb kurz vor meiner Abreise ins Saarland, Frau Wagenknecht habe einen »Trainingsrückstand« aufgebaut, den sie so schnell nicht aufholen könne, weshalb sie voraussichtlich nur eine kleine Runde fahren könne.

Aber als sie dann vor mir steht und mich fragt, ob ich lieber eine große oder eine kleine Tour fahren wolle, entscheide ich mich selbstverständlich für die große, nicht etwa, weil ich sie sportlich herausfordern wollte (ich fahre so gut wie nie Fahrrad und habe auch keinerlei sportliche Ambitionen, was das Fahrradfahren betrifft), sondern weil ich mehr Zeit mit ihr verbringen will. Je länger

die Fahrt, desto mehr hoffte ich, von ihr zu erfahren. Aber Wagenknecht hat das möglicherweise anders verstanden. Sie will nicht klein beigeben, und zwar trotz ihres Trainingsrückstandes und der Warnungen ihres Ehemanns, der ihr immer wieder versichert, nach seiner App betrage die Regenwahrscheinlichkeit 80 Prozent.

Wagenknecht schaut in die Runde. Was soll sie nun glauben?

Welche App hat die richtigen Zahlen? Ihre? Oder die ihres Mannes?

Der Fotograf, der sie beim Fahrradfahren aufnehmen soll und schon seit längerer Zeit versucht, auf seinem Handy eine Verbindung zu bekommen, mischt sich ein. Er habe eine App mit minutengenau animiertem Regenradar. Er kann Wagenknecht zeigen, wie der blau eingefärbte Regen an Merzig-Silwingen vorbeizieht. Wagenknecht schaut ihn zufrieden an und will sich die App auch gleich herunterladen, begeistert von ihrer Genauigkeit.

Wenn die App richtigliegt, hört der Regen gleich auf, und für die Gewittergefahr, auf die ihr Mann hingewiesen hat, gibt es keinerlei Grundlage. Sie schaut auf die Uhr; wir haben viel vor.

Wie viele Kilometer verrät sie mir nicht.

Ehrgeiz

Zunächst will sie allerdings noch die Angelegenheit mit den Fotos hinter sich bringen. Da sie nicht während der Tour fotografiert werden möchte, fährt sie mit dem Fotografen kurz zu einem Wäldchen am Ortsausgang, um sich dort auf dem Fahrrad aufnehmen zu lassen. Ich ziehe mich unterdessen im Wohnzimmer der beiden um. Als ich so weit bin – ich trage jetzt kurze Hosen –, bittet mich Lafontaine zu sich auf die Terrasse.

Sein Blick bleibt an meinen Beinen hängen.

Er fragt mich, ob ich viel Sport treibe. Er möchte abschätzen, wie fit ich bin, mit wem es seine Frau gleich zu tun haben wird. Einem Sonntagsfahrer? Oder einem, der vor Ehrgeiz brennt, der gekommen ist, um seiner Frau zu zeigen, dass er schneller und weiter fahren kann als sie? Als ich ihm erzähle, dass ich Tennis spiele und vor allem jogge, reicht ihm das nicht. Er will es genauer wissen, wissen, wie schnell ich laufe, in Minuten pro Kilometer.

Seit 2012 wohnen er und Sahra Wagenknecht hier oben zusammen, im letzten Haus in Merzig-Silwingen, ganz oben am Berg, gegenüber dem Friedhof und einer kleinen Bergkapelle. Sie haben nur eine Nachbarin, eine Witwe, die nicht mehr Auto fahren kann, weshalb Lafontaine ihr manchmal ein Baguette vom Bäcker mitbringt. Man bekommt hier schnell das Gefühl, sehr weit weg vom Rest Deutschlands zu sein. Sie haben ihr eigenes WLAN, aber kein Handynetz, das verlässlich funktioniert. Manchmal kommt eine SMS durch, sagt Wagenknecht, aber das sei schon alles. Als der Fotograf vorhin seine Wetter-App konsultierte, muss er großes Glück gehabt haben.

Die beiden fühlen sich hier oben wohl.

»Ich habe das Haus im Internet gefunden«, erzählt Lafontaine.

Es ist ein zweistöckiges Einfamilienhaus mit Garage, funktionell, alles andere als protzig. Beeindruckend ist nur der Blick von der Terrasse, unter der sich der Wald bis nach Oberlimberg erstreckt, wo Lafontaine einst mit seiner dritten Ehefrau Christa Müller wohnte, in einer Villa im französischen Landhausstil mit einem großzügigen Wintergarten auf dem Dach, Doppelgarage, zwei Balkonen und einer Kiesauffahrt.

Man könne das Haus von hier aus sehen, sagt Lafontaine und zeigt mit dem Finger in die Richtung, wo Oberlimberg liegt. »Da unten, der Palast der Sozialen Gerechtigkeit.«

Es war der Spottname, den Sozialdemokraten seiner Villa damals gaben. Er ließ sie 2003 bauen, nachdem er sich als ehemaliger Vorsitzender der SPD zur Ruhe gesetzt hatte. Es war eine willkommene Vorlage für seine Gegner. Wie konnte einer, der lange Deutschlands profiliertester Linker war, in einen derartigen Prunkbau einziehen?

Mit Luxus ist es bei Politikern der Linken immer so eine Sache. Diese Erfahrung musste auch Sahra Wagenknecht machen, als sie

sich 2010 im Straßburger Restaurant »Aux Armes« beim Hummeressen von einer Parteifreundin fotografieren ließ. Sie sorgte zwar am nächsten Tag dafür, dass die Fotos auf dem Handy ihrer Parteifreundin verschwanden, aber die Geschichte wurde dadurch nur noch interessanter.

Ihr Mann steht noch immer an der Balustrade seiner Terrasse und schaut in die Ferne, in die Richtung, in der der »Palast der Sozialen Gerechtigkeit« steht.

»Da lebt jetzt meine Ex-Frau«, sagt Lafontaine.

Sahra Wagenknecht ist seine vierte Frau, sie ist 26 Jahre jünger als er. Lange war die Beziehung geheim, 2009 berichtete der SPIEGEL erstmals über eine Affäre der beiden, aber erst zwei Jahre später, am 12. November 2011, erklärte Lafontaine öffentlich, Wagenknecht und er seien »eng befreundet«; im Februar 2012 traten sie zum ersten Mal gemeinsam beim Saarbrücker Karneval auf, Lafontaine als Napoleon verkleidet, Wagenknecht als Josephine. Beide waren damals noch verheiratet, Lafontaine mit Christa Müller, Wagenknecht mit dem Filmproduzenten Ralph T. Niemeyer, lebten allerdings schon getrennt von ihren Partnern. 2013 wurden beide Ehen geschieden, am 22. Dezember 2014 heirateten Lafontaine und Wagenknecht.

»Wie alt sind Sie?«, will Lafontaine von mir wissen.

Ich sage ihm, dass ich 48 sei.

»Dann bin ich länger in der Politik, als Sie leben«, sagt er.

Lafontaine legt erst mal die Hackordnung fest, was man für arrogant halten kann, aber es ist auch eine Erleichterung: Ich muss mir nicht erst ein Thema ausdenken, um unser Gespräch am Laufen zu halten – eine Herausforderung, vor die mich seine Frau schon häufiger gestellt hat.

Es ist schwer zu sagen, was die beiden verbindet. In seinem langen politischen Leben hat Lafontaine schon so gut wie alles erlebt: Liebe und Hass, Euphorie und Enttäuschung. Er war Vorsitzender zweier Parteien, saarländischer Ministerpräsident und Bundesfinanzminister, er hat sogar ein Attentat überlebt. Zweifellos ist er ein Mensch, auf dessen Erfahrung sie bauen kann, der ihr Sicherheit gibt. Er ist ein Charmeur, der gutes Essen liebt, den Mann von Welt geben kann, Französisch spricht, gern Chansons hört und auf andere Menschen zugeht; Wagenknecht dagegen wirkt immer so, als wäre sie von einer unsichtbaren Mauer umgeben. Sie weiß Emotionen zu schüren, aber wenn sie mit den Gefühlen anderer umgehen muss, ist sie schnell überfordert.

Als Politikerin tritt sie meist kompromisslos auf, formuliert messerscharf und scheut keinen Superlativ, um ihre Gegner in die Enge zu treiben. Aber jenseits der Talkshows, der Parteitage und ihrer Reden im Deutschen Bundestag, wo Wissen, Überzeugungen und Argumente zählen, etwa beim Smalltalk auf dem Weg zum Flughafen, kann sie unbeholfen, ja schüchtern wirken. Wenn sie sich im Winter auf dem Trimmrad fit hält, sagt sie, könne sie keine Filme schauen, die sie emotional mitnehmen würden, ein Antikriegsfilm wie »Die Brücke« etwa treibe ihr die Tränen in die Augen. »Da ist es bei mir sofort vorbei mit dem Sport.« Sie schaut deshalb nur Krimis wie den »Tatort«, leichte Unterhaltung, die keine großen Gefühle bei ihr wecken würde.

Schon als Mädchen hat sie sich immer wieder in andere Welten geträumt, in die von Johann Wolfgang Goethe etwa, den sie als Schriftsteller verehrt, oder in die ihres iranischen Vaters, der sie verließ, als sie zweieinhalb Jahre alt war.

Ihre Eltern haben sich 1967 am Berliner Bahnhof Friedrichstraße kennengelernt, eine Zufallsbegegnung. Ihre Mutter war auf dem Weg zurück in ihre Heimatstadt Jena, ihr Vater Gaststudent in Westberlin. Als Sahra Wagenknecht am 16. Juli 1969 in Jena geboren wurde, war klar, dass die junge Familie kaum eine Chance auf eine gemeinsame Zukunft hatte. Ihr Vater war ein erklärter Gegner des Schah-Regimes im Iran, als Reza Pahlavi 1967 Deutschland besuchte, nahm er an den Demonstrationen gegen ihn teil. Für ihn kam es nicht infrage, für immer in Deutschland zu bleiben. Nach dem Ende seines Studiums kehrte er in den Iran zurück, wo sich seine Spur in den Revolutionswirren von 1979 verlor.

Sie hat die Erinnerung an ihren Vater stets am Leben gehalten, sie achtete peinlich genau darauf, dass ihr Vorname so geschrieben wurde, wie ihr Vater es wollte, Sahra, mit h in der Mitte, nicht Sarah, wie der Name in Deutschland üblich ist. Sie lernte Persisch und trug lange weiße Kleider, die ihre Mutter nähte und auf die sie auf Persisch und in Goldschrift Verse des Dichters Hafis malte.

Es ist nicht ganz klar, ob sie jemals wieder etwas von ihrem Vater gehört hat. Häufiger gab es Hoffnung, Hinweise, denen ihr Ex-Mann Ralph Niemeyer einmal sogar bis in den Iran hinterherreiste. Mutmaßlich hat sie nie wieder Kontakt zu ihrem Vater gehabt, auch wenn es gelegentlich Gerüchte gibt, ihr Vater sei aufgetaucht, aber genau kann man das nicht sagen, weil sie Nachfragen dazu unbe-

antwortet lässt. Man tritt ihr damit zu nahe. Als ihr Biograf Christian Schneider sie einmal fragte, welche Erinnerungen sie an ihren Vater habe, erzählte sie ihm davon, wie es war, auf seinen Schultern zu sitzen. Es gibt ein Foto davon, und Schneider ist sich nicht sicher, ob sich Wagenknecht an die Szene wirklich erinnert oder ihre Erinnerung anhand dessen rekonstruiert. Was sie sich aber bewahrt habe, schreibt er, sei »das wunderbare Gefühl, von einer geliebten Person in den Himmel gehoben zu werden«.

»In Merzig-Silwingen«, sagt Lafontaine, »sind wir jetzt die zweitstärkste Partei hinter der Union. Die Linke ist hier stärker als die SPD.« Er träumt von einer Linken, die auch im Bund mitregiert, am besten mit seiner Frau, im Zweifel auch zusammen mit der SPD. Er ist der Letzte, der dem im Wege stehen will. Er sekundiert ihr auf Facebook, er verfolgt ihre Karriere mit väterlichem Stolz.

Seitdem seine Frau mit dem Radfahren begonnen hat, ist auch er unter die Sportler gegangen. Er hat sich zuerst ein E-Bike gekauft, um mithalten zu können, und ist ihr dann zweieinhalb Jahre hinterhergeschwitzt, bis er auf ein normales Fahrrad ohne Elektroantrieb umsteigen konnte. Jetzt fahren sie zusammen, Seite an Seite, 100 Kilometer am Stück oder, wenn sie mehr Zeit haben, auch mal 120. Sie radeln dann fünfeinhalb Stunden nebeneinander her und gönnen sich dabei genau eine Trinkpause.

Lafontaine ist plötzlich abgelenkt. Eine Hornisse macht sich an seinen Balkonpflanzen zu schaffen. »Tut mir leid«, sagt Lafontaine, »das fasziniert mich jetzt.«

Er sagt lange nichts mehr und schaut nur der Hornisse hinterher, die ganz unaufgeregt von Pflanze zu Pflanze fliegt, dann sagt er mehr zu sich selbst als zu mir: »Vielleicht ist es ja eine Königin.«

Sicherheit

Lafontaine wirft einen Blick auf die Uhr. Wo bleiben die beiden nur? Er schlägt vor, dass wir uns vor das Haus in die Einfahrt stellen, damit wir gleich losfahren können, sobald seine Frau mit dem Fotografen zurückkommt. Wir müssen nicht lange warten.

»Tolle Frau haben Sie da«, sagt der Fotograf, während er sich die Aufnahmen von Wagenknecht auf dem Display seiner Kamera anschaut.

»Wem sagen Sie das!«, antwortet Lafontaine.

Der Fotograf ist zufrieden, das Wetter stabil. Wir stehen noch einen Moment zusammen. »Okay«, sagt Sahra Wagenknecht. Sie will aufbrechen. Lafontaine sagt, dass er jetzt einkaufen gehe, damit er »auch eine Funktion« habe.

Sie radelt los, nicht so, dass ich gleich außer Atem gerate, aber zügig, den Berg von ihrem Haus hinunter ins Zentrum von Merzig-

Silwingen, den Gustav-Regler-Weg hinauf, entlang der deutsch-
französischen Grenze, bis hinunter zur Saar und weiter zur Mosel.
Es ist die Hausstrecke von Sahra Wagenknecht.

Sie erzählt, wie sehr sie die Nähe Frankreichs schätzt, wo sie
gern isst und einkaufen geht, und wie sehr sie es genießt, an einem
Ort zu leben, wo sie, jedenfalls wenn sie einen Fahrradhelm trägt,
niemand erkennt. Sie sagt, dass sie es nicht leiden könne, wenn
man mehrere Dinge gleichzeitig tue, wie zum Beispiel beim Fahrradfahren Musik zu hören. Da würde man gar nicht mehr die Vögel
singen hören, meint sie. Irgendwann ist alles gesagt, und wir radeln nebeneinander her, wie sie es mag, auf das Eigentliche, das
Radfahren, konzentriert.

Sahra Wagenknecht liebt Berechenbarkeit, die strenge Ordnung ihres Tages; was diese Ordnung durcheinanderbringt, verunsichert sie. Als wir einmal zusammen am Flughafen Tegel ankommen und sie eine Schlange vor der Sicherheitskontrolle sieht, erschrickt sie im ersten Moment, obwohl sie selbst von der Kontrolle ausgenommen ist und an der Schlange vorbeiziehen darf. Sie scheut die Auseinandersetzung mit den wartenden Passagieren, die bösen Blicke, die ungehaltenen Kommentare: »Eine Linke mit Extrawurst, das ist ja wieder klar.«

Als Kind wurde sie häufig gehänselt, weil sie nicht so wie andere Kinder aussah. Im Prenzlauer Berg, wo sie damals wohnte, wurde sie »die Chinesin« genannt. Sie fühlte sie sich unter Leuten nicht sonderlich wohl und weigerte sich, in die Schule zu gehen. »Ich war Einzelkind«, sagt Wagenknecht, »ich war nicht gewohnt, mit anderen Kindern zu spielen.« Auch von der kommunistischen DDR-Jugendorganisation FDJ hielt sie nicht viel, weil sie die Rituale nervten, die andere für Gemeinschaftsgeist hielten. »Lagerfeuer war nicht meins«, sagt sie. »Ich wollte lieber in Ruhe gelassen werden.« Noch schrecklicher hat sie die zweiwöchige Militärausbildung nach ihrem Abitur in Erinnerung, wo sie im Gleichschritt zu marschieren lernte. »Da war man nicht eine Minute allein. Das war für mich die Hölle.« Sie habe nichts mehr gegessen. Nicht aus Protest, sondern weil sie so unglücklich war. Sie wurde danach als »nicht kollektivfähig« eingestuft.

Bereits als Kind las sie, was andere erst als Erwachsene verstehen. Nach dem Abitur sogar streng nach Zeitplan: fünf Stunden Hegel, zwei Stunden Marx, Kant, Descartes »und dann noch was Belletristisches«. Irgendwann konnte sie Goethes »Faust« komplett auswendig, sagt sie. Es kursieren viele Geschichten, die sie fast übermenschlich erscheinen lassen. Als die Mauer fiel, war sie angeblich in ihrer Wohnung in Berlin-Karlshorst und las Kants *Kritik der reinen Vernunft*. »Was ihren Intellekt betraf«, hat ihre Mutter einmal erzählt, »war meine Tochter nicht satt zu kriegen.« Sie habe im Zimmer gesessen, »irgendwie auch asozial«, und Mathematikaufgaben gelöst, Stoff, der Klassen später dran war.

Im Sportunterricht dagegen fragte sie sich: »Wie soll ich einen 2000-Meter-Lauf schaffen?«

Zur Wendezeit, als sie gerade *Doktor Faustus* von Thomas Mann gelesen habe, sagt sie, habe sie erstmals an ihrer Art zu leben zu zweifeln begonnen. Sie sei plötzlich besorgt gewesen, »irgendwann wie die Figur Adrian Leverkühn zu enden«, als ein Mensch, der seine Kunst perfektioniert und dafür der Liebe und dem emotionalen Kontakt zu anderen Menschen entsagt. Das ist lange her, aber ihre Menschenscheu hat sie bis heute nicht vollständig abgelegt. Ich habe sie erlebt, wie sie eine halbe Stunde lang wie eine Säule am Gate des Flughafens Tegel stand, mit dem kerzengeraden Rücken einer Balletttänzerin, und konzentriert auf ihrem Handy herumtippte, sodass niemand wagte, sich ihr zu nähern, während direkt hinter ihr Jürgen Trittin lebhaft gestikulierend den halben Warteraum unterhielt.

Und dennoch gibt es kaum jemanden in der Partei, der es mit ihrer Popularität aufnehmen kann. Sie ist für Stimmen gut, auch jenseits der linken Stammwählerschaft. Mit ihrer zugeknöpften, makellosen Art, aber auch mit ihrer Bildung, ihrem Doktortitel, den sie mit einem magna cum laude verliehen bekam, gewinnt sie selbst die Sympathien konservativer Wähler. Andererseits ist sie zu einem Populismus fähig, der einen frösteln lässt. Sie kann aufwiegeln, gegen die Regierung, die SPD, gegen die Nato, die USA. Sie nutzt dann eine mit Superlativen aufgeladene Kampfsprache, in der fast alles, was die regierenden Parteien und etablierten Institutionen machen, skandalös ist. »Skandalös« ist dann aus ihrer Sicht die Grundrente, die zehn Prozent unter Hartz-IV-Niveau liegt, »skandalös« sind die Zustände an deutschen Schlachthöfen, »skandalös« ist die Haltung der Bundesregierung zu den sogenannten Gelbwesten-Protesten in Frankreich. »Skandalös« ist ohnehin so etwas wie ihr Lieblingswort, der Ausdruck einer permanenter Empörung, mit der sie es gelegentlich übertreibt. So hat sie Kanzlerin Merkel eine Mitschuld am Terroranschlag auf dem Berliner Breitscheidplatz gegeben, und Wolfgang Schäuble nannte sie in der Griechenlandkrise einen »Kürzungs-Taliban«.

Wagenknechts Parteifreunde haben ihren Aufstieg stets mit Skepsis begleitet. Für viele ist sie bis heute nur die Vertreterin eines Flügels geblieben, des linken, radikalen in der Partei, aber keine, die alle repräsentieren kann. Ihre Ämter hat sie immer nur unter Vorbehalt bekommen, mit halbierter Macht, so wie das seit ihrem Aufstieg in die Fraktionsspitze im Oktober 2015 üblich ist, erst als Ko-Fraktionsvorsitzende im Deutschen Bundestag an der Seite von Dietmar Bartsch und dann auch als Ko-Spitzenkandidatin, ebenfalls neben Bartsch. In der DDR galt sie als politisch unzuverlässig, weil sie als Jugendliche eine Zeit lang eine Punkfrisur trug, selbst in der Linken blieb sie eine Außenseiterin. Dass sie im November 2019 den Fraktionsvorsitz freiwillig abgab, hat auch etwas damit zu tun, dass sie sich häufig alleingelassen fühlte.

Ein paar Kilometer hinter dem Städtchen Konz, wo die Saar in die Mosel mündet, etwa 50 Kilometer von ihrem Haus in Merzig-Silwingen entfernt, steigt Sahra Wagenknecht zum ersten Mal von ihrem Fahrrad, um, wie sie es nennt, einen Moment innezuhalten. Sie schaut auf ihre Sportuhr, mit der sie Zeit und Kilometer misst, die zurückgelegte Strecke, die Durchschnittsgeschwindigkeit, die verbrauchten Kalorien.

»Und«, fragt Sahra Wagenknecht, »was machen wir jetzt?«

Sie erklärt kurz, welche Optionen es gibt: einmal die, wie sie findet, besonders bequeme Variante, wenden und zurück an der Saar, »ganz leicht, ganz flach«, oder aber die »sportlichere Variante«, die über die Berge führt. Sie macht eine kurze Pause. »Und da vorn, da geht es jetzt weiter zur 120-Kilometer-Strecke«, sagt sie.

Sie kann maßlos sein, gnadenlos zu sich selbst. Eineinhalb Jahre nach unserer Fahrradtour wird sie einen Burn-out erleiden, sich zwei Monate krankmelden und danach, im Frühjahr 2019, ihren Rückzug als Fraktionsvorsitzende ankündigen. Aber in diesem Sommer schont sie sich nicht. Sie erzählt mir, wie sie sich auf ihr Trimmrad setzt, wenn sie einmal nicht Fahrrad fahren kann, weil es draußen regnet oder schneit, und so trotzdem ihr Trainingspensum erfüllt. Sie nutzt die Zeit und schaut sich dabei Aufzeichnun-

gen wichtiger Talksendungen an, um Argumente zu studieren wie Pep Guardiola die Spielzüge künftiger Gegner.

Sie sieht mich an. Will ich nun 100 oder 120 Kilometer fahren?

Ich muss ein ziemlich verzweifeltes Gesicht gemacht haben. »Also, wenn es wirklich gar nicht mehr geht«, sagt Wagenknecht, »hätten wir zu Hause auch einen Anhänger und könnten Sie abholen.« Sie müsse dann nur Oskar anrufen.

Ich stelle mir das vor: Sahra Wagenknecht ruft Oskar Lafontaine an, mit der Bitte, den Fahrradanhänger aus der Garage zu holen, um dann 50 Kilometer an die Mündung der Saar in die Mosel zu fahren, um mich dort aufzupicken, weil ich nicht mehr radeln kann.

Ich bin nicht ganz sicher, ob das ein Scherz sein soll. Aber sie lacht nicht, sie meint das offensichtlich ernst. Wenn es sein muss, könnte ihr Mann auch dieses Problem lösen.

In einem Interview mit dem *Zeit-Magazin* hat Wagenknecht einmal gesagt, sie habe viel von Oskar Lafontaine gelernt, zum Beispiel, mehr auf andere Menschen zuzugehen und auch mit Leuten zu reden, die sie nicht leiden könne. »Das muss man natürlich, wenn man politisch arbeitet«, erklärte sie. »Ich glaube aber, dass ich auch früher nicht arrogant oder überheblich war, eher schwierig aus Unbeholfenheit.« Sie versucht es jetzt, so gut sie kann.

Gut zwei Monate vor der Fahrradtour, am letzten Freitag vor der saarländischen Landtagswahl, hat Wagenknecht zu einem Ortstermin nach Saarbrücken eingeladen. Ein Fernsehteam ist gekommen und die Dokumentarfilmerin Sandra Kaudelka, die einen Kinofilm über Sahra Wagenknecht dreht. Am Abend spricht sie auf der Abschlusskundgebung im Volkshochschulzentrum von Saarbrücken, als Vorrednerin ihres Mannes Oskar Lafontaine. Aber der eigentliche Höhepunkt ist ein ganz anderer Termin: »Eis essen zusammen mit Oskar Lafontaine am Marktplatz in Saarbrücken.«

Als sie dort ankommt, empfängt sie zunächst Dietmar Bartsch. Bartsch ist damals der Mann, mit dem sich Wagenknecht arrangieren muss. Eine Zeit lang galt er als Intimfeind des Paares, weil er unter Verdacht stand, die zunächst heimliche Beziehung der beiden ausgeplaudert zu haben. Bartsch und Wagenknecht setzen sich schon mal im Café am Marktplatz an einen Tisch. Jetzt fehlt nur noch Oskar Lafontaine, aber der lässt sich Zeit.

Wagenknecht bestellt einen »Flavoured Latte Macchiato mit Karamell«. Bartsch einen normalen Milchkaffee. Für Eis ist es noch zu kalt.

Die beiden flachsen ein bisschen über den SPD-Kanzlerkandidaten Martin Schulz, der zufällig gerade zusammen mit Heiko Maas auf der anderen Seite des Platzes einen Currywurststand besucht, eine willkommene Ablenkung für die beiden. Doch dann erstirbt das Gespräch, und das beklommene Schweigen wird erst gebrochen, als Lafontaine endlich auftaucht.

»Na, habt ihr alles geklärt?«, fragt Lafontaine.

»Wir sitzen hier gerade einmal drei
Minuten«, verteidigt sich Bartsch.

»Drei Minuten«, schulmeistert Lafontaine, »reichen für ’nen guten Mann.«

Dann schaut Lafontaine seine Frau
an, die im Schatten sitzt und friert.

»Warum sitzt ihr im Schatten?«

»Als wir uns gesetzt haben«, verteidigt sich Wagenknecht, »war da noch
Sonne.«

Alle Augen sind jetzt auf Lafontaine gerichtet, er ist der Saarländer, er
hat hier Heimrecht, er ist Teil der Geschichte, vor allem auf diesem Platz.
Den habe ein gewisser Bundeskanzler
Helmut Schmidt 1979 eingeweiht, sagt
Lafontaine, »und meine Bescheidenheit
verbietet es mir zu sagen, wer damals
Oberbürgermeister war«.

Wagenknecht sitzt lächelnd daneben,
und was sie denkt, weiß nur sie.

Kurz danach flaniert Wagenknecht an der Seite ihres Mannes
durch die Saarbrücker Fußgängerzone, wo ein paar Infostände auf-
gestellt sind. »Ist man als Politiker anders als ein privater Mensch?«,
fragt die Fernsehreporterin.

»Man ist natürlich anders«, sagt Wagenknecht etwas gehemmt.

Lafontaine lächelt maliziös, was die Reporterin als Einladung
versteht.

»Wie sehen Sie das, Herr Lafontaine?«, fragt sie.

»Wenn der Saarländer neben seiner Frau geht«, antwortet Lafontaine, »stimmt er ihr immer zu.« Und wieder lächelt Sahra Wagenknecht nur.

Am Zusammenfluss von Saar und Mosel muss ich mich entscheiden. Mich von Lafontaine abholen zu lassen steht außer Frage. Aber die große Runde von 120 Kilometern ist auch keine Alternative, ich weiß ja schon nicht, wie ich die 100 Kilometer bewältigen soll.

Es ist mir ein bisschen unangenehm, ihr zu sagen, dass ich sie um die »sportlichere« Strecke bringe, aber ich versuche ihr klarzumachen, dass ich die Strecke über die Berge zurück einfach nicht schaffen würde. Ich bedaure sehr, dass sie meinetwegen jetzt die weniger anspruchsvolle Strecke zurück nehmen muss, und hoffe, dass sie etwas sagt, damit ich mich besser fühle.

Zum Beispiel: »Macht nichts, die Strecke an der Saar finde ich sowieso am schönsten.« Oder: »Keine Sorge, bin heute auch nicht so fit.«

Aber Wagenknecht sagt: »Macht nichts. Morgen kann ich wieder mit Oskar fahren.«

Geduld

Als wir nach weiteren 13 Kilometern in Saarburg vorbeikommen, kehren wir kurz im Café Fährhaus ein, wie sie das üblicherweise auch mit Oskar macht. Sie bestellt eine Flasche Fachinger und eine »große Apfelschorle«, trinkt, ohne den Helm abzusetzen, und als die Gläser leer sind, vergeht nicht viel Zeit, bis sie aufsteht, um zu bezahlen.

Ich genieße die Pause, und wenn ich mein Geld nicht vergessen hätte, würde ich gern noch eine Runde ausgeben. Aber an ein weiteres Getränk ist nicht zu denken: Ihr Geld ist genau abgezählt, für sie allein, nicht für uns beide, weshalb sie, um die gesamte Rechnung begleichen zu können, anschreiben lassen muss. Kurz darauf sitzen wir schon wieder auf dem Fahrrad, das für mich von da an zu einem Foltergerät wird. Ich sage kein Wort mehr, sie telefoniert zwischendurch mit ihrem Mann, der offenbar vom Einkauf zurückgekommen ist und zu Hause das Abendessen vorbereitet, Spaghetti

mit Kräutersauce, ihr Lieblingsgericht, das sie auch »Spaghetti à la Oskar« nennt und sich nur gönnt, wenn sie davor lang genug Sport gemacht hat.

Es ist noch eine beschwerliche Fahrt zurück nach Merzig. Ich halte durch bis zum Fahrradverleih, doch für den letzten Anstieg zu ihrem Haus fehlt mir einfach die Kraft. »Ich bringe Sie noch zum Fahrradverleih«, schlägt Wagenknecht vor. Aber ich will mich jetzt einfach nur kurz auf den Boden legen, allein, und bitte sie vorzufahren, während ich das Fahrrad abgebe und dann mit dem Taxi zu ihrem Haus nachkomme, um mich umzuziehen und meinen Koffer abzuholen, den ich dort zurückgelassen habe.

Ich bin dankbar für den Moment allein, atme durch, bringe das

Fahrrad zurück, setze mich in ein Taxi, und als es wenige Minuten später vor dem Haus der beiden steht, muss mich der Taxifahrer aufwecken, weil ich auf dem Rücksitz vor Erschöpfung eingeschlafen bin.

Lafontaine wartet schon auf mich.

Ich sage ihm, es sei fürchterlich hart gewesen.

Er sagt mir, das seien 101 Kilometer gewesen.

Er wirkt ein bisschen besorgt.

Er habe mir die Dusche im Souterrain hergerichtet, sagt er, Handtuch, Shampoo und Seife, ich solle mir Zeit nehmen. Wenn ich einverstanden wäre, könne er mir ein Zimmer in der Nähe buchen, in der Niedmühle in Rehlingen/Siersburg, ein Hotel, in dem ich sicher auch noch etwas zu essen bekäme, man kenne ihn da, er rufe gern für mich an.

Als ich geduscht bin, hat mir Lafontaine ein Zimmer und einen Platz im Restaurant reserviert. Wagenknecht hat sich umgezogen, im Esszimmer ist der Tisch für die beiden gedeckt.

Lafontaine nimmt mich noch einmal zur Seite. Er müsse zugeben, dass er vorher meine Beine geprüft habe, weil er Sorge gehabt habe, ich könnte seiner Frau davonfahren, und so wie er sie kenne, hätte sie alles versucht, um mithalten zu können, selbst wenn es über ihre Kräfte gegangen wäre. Er ist erleichtert, dass es genau andersherum gekommen ist, gibt mir aber trotzdem das Gefühl, ihn auf meiner Seite zu haben: »Wissen Sie«, sagt er, »meine Frau müssen Sie stoppen.«

Er wartet noch, bis ich in meinen Mietwagen gestiegen bin, seine Frau ist da schon längst verschwunden.

Kuschelrock
Crossfit mit Lars Klingbeil

In seiner politischen Karriere hat der SPD-
Generalsekretär schon mal anderen den
Vortritt gelassen. An der Langhantel zeigt er,
dass er auch ein harter Kerl sein kann.

Am sechsten Tag der neuen Parteispitze Saskia Esken und Norbert Walter-Borjans verlässt Lars Klingbeil mit einer braunen Ledersporttasche sein Büro im Willy-Brandt-Haus. Er durchquert sein Vorzimmer und wendet sich den Aufzügen zu. Statt eines Mittagessens will er eine Stunde in der »G3 Crossfit Box« am Gleisdreieck in Berlin-Kreuzberg verbringen, wo es »um Leben und Tod« geht, wie sein Personal Trainer sagt, wenn er von Klingbeil Höchstleistung verlangt.

Als Klingbeil in den Fahrstuhl steigen will, stehen da schon die beiden Parteivorsitzenden und diskutieren, ob sie »E« oder »U« drücken sollen. Er könnte sich noch in die Kabine drängeln, aber er grüßt nur flüchtig und wartet, bis sich die Tür endlich schließt. Lieber den nächsten Aufzug nehmen, ohne die Chefs.

»Ich hab 'ne Wette mit Carsten Schneider laufen«, sagt Lars Klingbeil, »um einen Kasten Bier.«

Carsten Schneider, ehemals Sparkassenmitarbeiter, ist SPD-Bundestagsabgeordneter und, soweit Klingbeil weiß, der einzige Kollege, der wie er Crossfit betreibt, eine neumodische, besonders harte Form des Zirkeltrainings. Sie haben vereinbart, dass Klingbeil die Wette gewinnt, wenn er bis Jahresende 100 Kilo im Bankdrücken schafft. Zwar ist Klingbeil kein Biertrinker, aber das ist egal. Es gehe um die Herausforderung, die Challenge, wie Crossfitter sagen.

Klingbeil erreicht das Untergeschoss. Er tritt aus dem Fahrstuhl, um in den Dienstwagen zu steigen, aber vor ihm stehen schon wieder die Parteivorsitzenden, diesmal auf ihren Handys herumtippend. Sie haben einen Termin und kommen nicht weg, kein Fahrer, der auf sie wartet, keine Nummer, die sie anrufen könnten. Sie schauen Lars Klingbeil erwartungsvoll an. Kann er ihnen irgendwie helfen?

Eigentlich hat er keine Zeit. Es ist der 11. Dezember 2019, noch 21 Tage bis Neujahr. Wenn er die 100 Kilo schaffen will, muss er jetzt zum Training. Aber das sagt er natürlich nicht. Er lächelt, er kann helfen. Sein Fahrer habe die Nummer eines anderen Fahrers, sagt er. Die Parteivorsitzenden geben die Nummer in ihr Handy ein, dann steigt Klingbeil ins Auto.

Lars Klingbeil ist 42 und seit gut zweieinhalb Jahren SPD-Generalsekretär, keine ungewöhnlich lange Zeit. Aber seitdem hat er schon sechs Vorsitzende erlebt, im Schnitt also alle vier Monate ein neues Gesicht an der Spitze. Sein gegenwärtiges Leben muss man sich wie das eines Kaufhausmanagers vorstellen, der seine Auslagen sortiert. Überall Kunden mit Fragen. Er muss Geduld haben, vor allem darf er niemals sein Lächeln verlieren.

Klingbeil kann das eigentlich ganz gut. Wenn er im Land unterwegs ist, begrüßen ihn die Genossen als den »lächelnden Lars«, schätzen ihn für »das Spitzbübische« seiner Ausstrahlung und sein sonniges Gemüt, mit dem er im Fernsehen Politikerdebatten die Verbissenheit nimmt. Und dann steht er da, der sehr groß gera-

tene Lars mit dem sympathischen Lächeln, dem Grübchen am Kinn und der anhaltend guten Laune, und sagt mit einer Stimme, die so klingt, als redete er durch einen Wattebausch: »Wenn wir alle ein bisschen bessere Laune kriegen in Deutschland, hilft das auch.«

Die SPD ist eine Partei, die sich Fortschritte stets mit einer gewissen Grimmigkeit erkämpft hat. Gute Laune kam selten gut an, schon gar nicht bei den eigenen Leuten. Als Andrea Nahles im Bundestag ein Kinderlied sang, hat ihr das geschadet. Wie also passt Lars Klingbeil mit seinem Lächeln, seiner unverwüstlichen Freundlichkeit zu dieser SPD? Kann er es bis ganz an die Spitze schaffen? Oder bleibt er der ewige Generalsekretär?

Ein Generalsekretär ist normalerweise der Rowdy seiner Partei, der politische Gegner auch dann attackieren muss, wenn sich die Parteispitze zu fein dafür ist. Markus Söder war so ein Generalsekretär für die CSU, auch Andreas Scheuer, sie schreckten vor nichts zurück. Für beide war das Amt eine wichtige Etappe auf dem Weg weiter nach oben, ein Bewährungstest.

Der damalige Parteichef Martin Schulz wäre wohl kaum auf Klingbeil als Generalsekretär gekommen, hätte Klingbeil bei der Bundestagswahl 2017 nicht überraschend das Direktmandat seines Wahlkreises gewonnen. Während die SPD bundesweit dramatisch Stimmen verlor und auf nur 20,5 Prozent kam, gewann Klingbeil seinen Wahlkreis Rotenburg I – Heidekreis mit 41,2 Prozent, obwohl dieser bis dahin eine Hochburg der CDU gewesen war. Wochenlang war Klingbeil von Haustür zu Haustür gegangen und hatte sich als einer von ihnen verkauft, geboren in Soltau, aufgewachsen und immer noch wohnhaft in Munster im Heidekreis, ein Daheimgebliebener, der die Welt bereist hat, aber nicht dauernd damit angeben muss. Sein Sieg war eine politische Fleißarbeit, aber sie machte ihn, den damals 39-jährigen digitalpolitischen Experten der SPD, zu einem der wenigen Gewinner unter vielen Verlierern.

Wenn man Lars Klingbeil danach fragt, warum er nicht so laut wie andere Generalsekretäre ist, sagt er: »Als mich Martin Schulz vor zwei Jahren gefragt hat, ob ich Generalsekretär werden will, habe ich ihm gesagt, dass Draufkloppen nicht meins ist, Politik muss begeistern, motivieren.« Er findet »breitbeiniges Rumgebrülle« auch nicht mehr zeitgemäß. »Wir müssen wegkommen von roten Linien und Showdowns«, sagt er.

Ihm ist klar, dass zu viel Freundlichkeit auch als Schwäche missverstanden werden kann. Aber er will so bleiben, wie er ist: freundlich, zuvorkommend, gut gelaunt. Er versteht gerade das als Stärke: Man braucht dazu Disziplin, Geduld, Leidensfähigkeit, man muss zuhören können, statt sich ständig selbst darzustellen. Er will beweisen, dass man das durchhalten kann. Dass Freundlichkeit in der Politik nichts für Schwächlinge ist.

Sondern etwas für 100-Kilo-Männer.

Seit drei Jahren macht Lars Klingbeil Crossfit, länger, als er SPD-Generalsekretär ist. Crossfit funktioniert nach dem Prinzip amerikanischer Fitness-Bootcamps: Drill und Disziplin, verbunden mit der Vorstellung, zu den ganz harten Kerlen zu gehören.

Kann so einer überhaupt ein Schwächling sein?

Klingbeil nimmt auf der Rückbank des Dienstwagens Platz und schaut auf sein Handy. Nichts, was ihn jetzt noch aufhalten könnte. Keine Mail. Kein Tweet, keine Parteivorsitzenden mehr.

Auf seinem Handy hat er die App »Rauchfrei Pro« installiert. Er war mal starker Raucher, »richtig heftig«, sagt er, vierzig Zigaretten am Tag, die erste vor dem Frühstück. Aber vor gut sieben Jahren hörte er auf. Seitdem misst die App seinen Erfolg, auf die Sekunde genau. Sie zeigt in diesem Moment an, dass er seit sieben Jahren, fünf Monaten, zwei Tagen, zwölf Stunden, 33 Minuten und zwei Sekunden Nichtraucher ist. Sie zählt auch, wie viele Zigaretten er seitdem nicht geraucht hat: 108 462. Und wie viel er seitdem gespart hat: mehr als 31 000 Euro. Klingbeil klickt die App gelegentlich an, um sich seines Erfolgs zu vergewissern, der kleinen Siege, die er Tag für Tag erringt.

Seine Partei gefällt sich noch immer in der Tradition ihrer großen vergangenen Erfolge. Der Gleichberechtigung von Mann und Frau. Der Rente mit 63. Des Mindestlohns. Bei Bundestagswahlen stellt sie noch immer einen Kanzlerkandidaten, obwohl sie in den letzten Jahren auf die Größe eines kleinen Koalitionspartners geschrumpft ist. Klingbeil will ihr den Stolz auf die alten Zeiten nicht nehmen, aber er will der SPD auch beibringen, mit weniger auszukommen und die kleinen Siege schätzen zu lernen. »Es ist zunächst einmal wichtig«, sagt Klingbeil, »dass sich die Partei mit sich selbst versöhnt.«

Als er noch rauchte, sagt Klingbeil, sei er der schlechteste Sportler der Welt gewesen, beim Joggen habe er gerade mal 300 Meter geschafft. Inzwischen läuft er ein- bis zweimal die Woche bis zu zehn Kilometer, zu Hause in Munster um den Baggersee oder in Berlin um den Lietzensee oder durch den Schlosspark Charlottenburg.

Und zweimal die Woche geht er entweder ins Crossfit Heidekreis in Soltau bei Munster oder in die G3 Crossfit Box in Berlin. Er ist deshalb kein Athlet geworden, aber er ist stolz auf seine konditionellen Fortschritte und freut sich auf ein, wie er sagt, »extra brutales Trainingsprogramm«.

Er lächelt, genießt die Vorstellung, dass ich alles mitmachen muss.

»Ich hoffe, Sie haben schon richtig Respekt vor dem heutigen Tag.«

Warm-up

10 Good Mornings
10 Downward und Upward Looking Dogs
1 Minute Assault Air Bike
2 Mal 1 Minute Rudergerät

Er braucht ein paar Minuten, dann ist er umgezogen: blau-rot gestreiftes Shirt von Under Armour, dazu eine kurze, neonrote Hose, ebenfalls Under Armour, die Kraftsportlermarke. Er trägt ein Armband mit dem Crossfitter-Spruch: »Never whine. Never complain. Never make excuses.«

Heul nie. Beklag dich nie. Suche nie nach Ausreden.

Männlichkeitssätze.

Klingbeil betritt den Trainingsraum, der unter Crossfittern nur »Box« genannt wird, weil Crossfit von der Idee lebt, dass man seinen Körper in einer Garage auf Höchstform trimmt, mit dem, was da gerade so herumsteht an Hanteln, an Stangen und zusammengeschweißten Geräten. Schwarze, unverputzte Wände.

Folterkammergrusel.

Lars Klingbeil klatscht Felix Läufle ab, seinen Personal Trainer, der ein T-Shirt trägt, das viel zu eng ist für seine Oberarme. Klingbeil sagt ihm, dass er heute keinesfalls weniger Gas geben solle als sonst. Eher mehr.

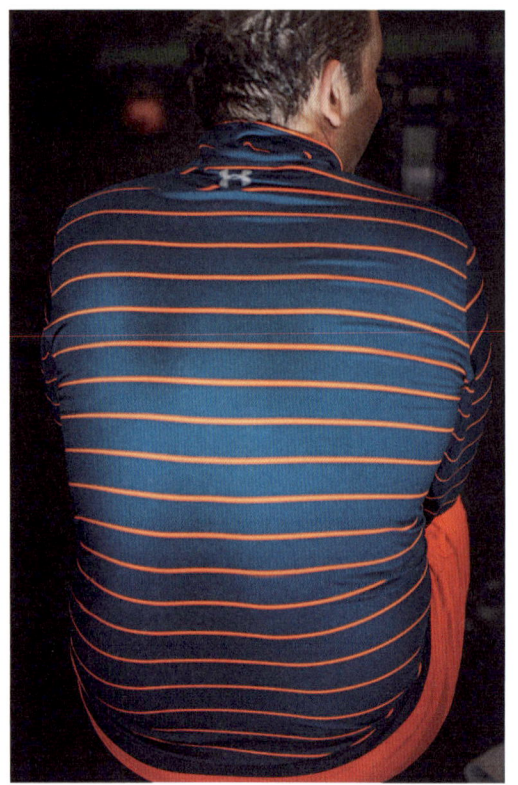

Für eine Stunde ist Felix Läufle sein Chef. Er bezahlt ihm Geld dafür, dass er ihn quält, ihm vorgibt, was er machen soll: die Abfolge der Übungen, die Zahl der Wiederholungen, die Größe der Medizinbälle, die Zahl der Gewichte, die er stemmt.

Für viele Manager, erklärt Läufle, sei es eine Erleichterung, wenn sie auch einmal die Verantwortung abgeben und sagen könnten: »Okay, sag mir einfach, was ich tun muss, ich mach das dann mal 'ne Stunde und weiß, danach geht es mir besser.«

Man kann das als Schwäche ansehen, aber auch als Stärke.

Felix beginnt mit »Good Mornings« (Oberkörperbeugen), dann die »Downward and Upward Looking Dogs« (Dehnübungen auf allen vieren) und das sogenannte Assault Air Bike (ein Trimmrad mit beweglichen Handgriffen).

Klingbeil zieht alles klaglos durch.

Als er zu schwitzen beginnt, muss er aufs Rudergerät.

Zweimal eine Minute, sagt sein Trainer.

Lars Klingbeil liebt Struktur, einen ordentlich gemähten Rasen zu Hause in Munster, wofür er einen Mähroboter hat, ebenso wie den Takt seines strammen Berufsalltags: um sechs Uhr aufstehen, Deutschlandfunk hören, um sieben Uhr die erste Telefonschalte, dann Autofahrt ins Büro. Er braucht diese Ordnung. »Nur im Urlaub habe ich null Struktur«, sagt er. »Dann kann ich zehn Tage am Pool liegen, lesen oder gar nichts machen.«

Als Generalsekretär ist er ein Getriebener, immer im Dienst, 80 bis 100 Stunden pro Woche. »Ich hab manchmal fünf, sechs Fern-

sehdinger am Tag«, sagt Klingbeil. Seit er Generalsekretär ist, fehlen ihm 10 000 Schritte pro Tag auf seiner Gesundheits-App. Im Bundestag, heißt es, nehme man schnell zu, pro Jahr zwei bis drei Kilo. Er braucht Felix und Disziplin, um das zu verhindern.

Klingbeil rudert mit kräftigen Zügen, aber sein Trainer will mehr von ihm sehen. »Stellt euch vor, ihr seid im Wasser in Kalifornien, und weit hinter euch nähert sich ein Hai. Ihr habt noch zehn Meter zum Strand. Ihr werdet es schaffen, aber ihr schiebt schon ein bisschen Panik.«

Klingbeil rudert schneller. Ich sitze im Rudergerät neben ihm, auch ich strenge mich an.

»Rot im Gesicht ist gut«, sagt Felix, »blass ist nicht so gut.«

Kuschelrock

Klingbeil ist rot.

Wenn man Felix Läufle fragt, was einen Crossfitter ausmacht, sagt er: »Sie sehen oft sehr muskulös aus, sie haben ein bisschen mehr Sixpack als andere Menschen; sie sehen ein bisschen so aus, wie man sich einen Soldaten vorstellt, allerdings nicht in Camouflage, sondern in Neonfarben, ein Soldat in Bunt sozusagen. Und dann erkennt man sie natürlich auch an ihren kaputten Händen, den Schwielen, den Blutblasen, der Hornhaut, die sie von den ganzen Übungen an Klimmzugstangen und Langhanteln bekommen.«

Es ist nicht unbedingt ein Bild, das man mit Lars Klingbeil verbindet.

Jeder Sport braucht seine Mythen, an die seine Fans glauben können, Idole wie Björn Borg oder Roger Federer im Tennis, Fritz Walter oder Cristiano Ronaldo im Fußball, Arnold Schwarzenegger im Bodybuilding.

Aber an was glaubt man, wenn man Crossfitter ist? An was glaubt Lars Klingbeil?

An Geschichten von Haien? An ein Wunschbild von Menschen mit soldatischer Härte?

»Werde fit, selbst wenn es dich umbringt«, sagen Crossfitter gerne.

Munster, die Kleinstadt, in der Lars Klingbeil aufgewachsen ist, liegt auf halbem Weg zwischen Hannover und Hamburg und ist mit 5000 Soldaten der viertgrößte Standort der Bundeswehr, die größte Sehenswürdigkeit ist das Deutsche Panzermuseum. An der Bundeswehr kommt hier niemand vorbei. Seine Mutter sei Verkäuferin gewesen, sagt Klingbeil, der Vater »einfacher Soldat«, zuletzt im Rang eines Unteroffiziers.

Die Bundeswehr spielte deshalb auch in seinem Leben eine besondere Rolle, mal im Guten, mal im Schlechten. Als Sohn eines Unteroffiziers fehlte es ihm in seiner Jugend zwar an nichts, er gehörte im Ort aber auch nicht zu den Privilegierten. Als er sich in die Tochter eines Offiziers verliebte, hielt ihn der Vater seiner Freundin für nicht standesgemäß, weshalb sich Klingbeil mit ihr nur heimlich treffen konnte. Die Beziehung hielt, bis der Vater seiner Freundin mit der Familie nach Frankreich versetzt wurde.

Als es nach der Schule um die Frage Zivil- oder Wehrdienst ging, zog Klingbeil für ein Jahr nach Hannover, wo er sich als Zivildienstleistender in der Bahnhofsmission um Junkies und Obdachlose kümmerte – eine seltene Entscheidung in Munster, wo die Mehrzahl der Schüler nach dem Abitur selbstverständlich zur Bundeswehr ging. Klingbeil war gegen Krieg, ohne dass er deshalb ein radikaler Pazifist geworden wäre, er versuchte auch nicht, seinen Vater zu belehren. Er achtete schon damals darauf, dass er sich den Weg zurück nie ganz verbaute.

In die SPD ist Klingbeil 1996 eingetreten, nachdem er bei den Kommunalwahlen in Munster zunächst als Parteiloser auf der Liste der SPD stand und den Einzug in den Stadtrat um wenige Stimmen verpasste. Er habe »die SPD und ihre Akteure vor Ort« kennen- und schätzen gelernt und fand, dass die SPD, verglichen mit den anderen Parteien, seinen Werten am nächsten lag. Vor allem der Kampf gegen rechts und der Widerstand gegen den Nationalsozialismus hätten ihn beeindruckt, und nicht zu vergessen Gerhard Schröder, der damals niedersächsischer Ministerpräsident war und später eine Art Mentor wurde.

2001 verbrachte Klingbeil als Stipendiat der Friedrich-Ebert-Stiftung einen Forschungsaufenthalt in den USA. Er war in New York, als am 11. September die Twin Towers einstürzten. Er sagt, das Ereignis habe ihn wie kaum ein anderes geprägt. In seinem Büro steht die gerahmte Titelseite der *New York Times* vom 12. September 2001, auf der das brennende World Trade Center zu sehen ist, in das gerade das zweite Flugzeug einschlägt. Klingbeil schrieb damals sicherheitspolitische Berichte für die Stiftung, er arbeitete als freier Reporter für das ZDF, und langsam, sagt er, habe er erkennen müssen, dass man ganz ohne Militäreinsätze nicht auskommen könne, dass freiheitliche Gesellschaften ihre Werte verteidigen müssten, notfalls auch mit Waffengewalt.

Heute ist er aktives Mitglied der Lobbyistenvereinigung Deutsche

Gesellschaft für Wehrtechnik; und wenn es im Bundestag um die Bundeswehr geht, um bessere Ausstattung, um höheren Sold, versucht er einer ihrer besten Anwälte zu sein.

Als ihn der damalige Parteivorsitzende Schulz Ende 2017 als Generalsekretär ins Willy-Brandt-Haus holte, hatte Klingbeil das Gefühl, erst einmal Ordnung schaffen zu müssen. Er war überrascht über das Durcheinander in der SPD. Überbesetzte Gremien. Hohe Personalkosten. Ein Parteichef, zu dem er aufblickte und der plötzlich viel Rat von ihm brauchte. In einer Runde mit Schulz wurde einmal diskutiert, ob jeder Delegierte auf dem Parteitag künftig zweierlei Mineralwasser auf den Tisch bekommen sollte, mit und ohne Kohlensäure, worauf sich Klingbeil schwor, dass sich, so-

lange er Generalsekretär sei, nie mehr ein Parteivorsitzender mit so einer Frage beschäftigen solle.

In seinen zwei Jahren im Amt hat er viele Krisen erlebt, die Debatte um den Eintritt in die Große Koalition, den Asylstreit von CDU und CSU im Sommer 2018, die Krise um die geplante Beförderung von Verfassungsschützer Hans-Georg Maaßen im Herbst, den Rücktritt von Andrea Nahles im Juni darauf. In der gleichen Zeit schuf er in der SPD neue Strukturen, kleinere Gremien, einen kleineren Parteivorstand, ein kleineres Präsidium. Er kümmerte sich um eine bessere Kommunikation, intern und auf den Social-Media-Kanälen. Und er organisierte eine öffentliche Mitgliederbefragung zur Wahl der Parteispitze, die es in dieser Form nie gegeben hatte: 23 Regionalkonferenzen, zwei Abstimmungen und den abschließenden Wahlparteitag.

Eine logistische Meisterleistung, aber auch ein mediales Spektakel, von dem heute allerdings alles andere als klar ist, ob es der SPD geholfen hat oder nur einmal mehr offenbarte, wie groß die Krise tatsächlich ist, in der sie steckt.

Seinen Parteivorsitzenden hat Lars Klingbeil eines voraus: Er kennt die SPD viel besser als sie, ein Vorteil, von dem man nicht genau weiß, wie er ihn nutzen wird.

Für sich? Oder profitieren am Ende nur andere davon?

»Meine wichtigste Aufgabe als Generalsekretär ist es, in der SPD Veränderungen anzustoßen«, sagt Lars Klingbeil.

Das klingt nicht nach Durchregieren.

Er gibt gerne den netten Onkel. Als Carsten Schneider, sein Wettpartner um die 100 Kilo im Bankdrücken, die GroKo-Verhandlungen über Twitter kommentierte, ermahnte ihn Klingbeil ebenfalls per Twitter: »DU SOLLST NICHT AUS DEN VERHANDLUNGEN TWITTERN! Dein Generalsekretär.« Als Kevin Kühnert spaßeshalber twitterte, die SPD hätte ihre Präsidiumssitzung mit dem muslimischen Fadschr-Gebet zum Beginn der Fastenzeit begonnen, twitterte Klingbeil: »Wäre schön, wenn Du Dich an die Regel hältst, dass Präsidiumssitzungen vertraulich sind.«

Klingbeil löst die Fußschlaufen am Rudergerät. Sein Trainer hat das Warm-up für beendet erklärt.

»So«, sagt Läufle. »Gucken wir mal, ob er heute die 95 Kilo schafft.«

Weightlifting

10 Mal leere Hantel
5 Mal 40 kg
5 Mal 60 kg
1 Mal 80 kg
1 Mal 85 kg
1 Mal 92,5 kg

Lars Klingbeil liegt jetzt mit dem Rücken auf der Bank und stemmt die Gewichte in der vorgeschriebenen Reihenfolge, immer 20 Kilogramm mehr, dann noch mal 5, schließlich legt sein Trainer weitere 7,5 Kilo auf, es geht jetzt um 92,5 Kilo.

Manchmal, sagt Klingbeil, wenn das Training sehr anstrengend sei, stöhne er so laut wie die Gewichtheber oder Kugelstoßer. Aber diesmal ist nichts zu hören.

Klingbeil hebt die Hantel aus der Halterung. »Hol-ihn-dir, hol-ihn-dir, hol-ihn-dir«, ruft Läufle.

Klingbeil stemmt, seine Arme beginnen zu zittern, doch er hält durch.

Er schaut seinen Trainer erwartungsvoll an. Darf er mehr? Die 95 Kilo?

Es ist nicht so, dass Klingbeil kein Kämpfer wäre, aber er ist auch kein Rebell. Er hat zu Gerhard Schröder und Kevin Kühnert, den zwei Extremen der SPD, ein gleichermaßen gutes Verhältnis und steht auch politisch für einen gemäßigten Kurs. Er wägt seine Positionen genau ab. Zum Militär, aber auch in anderen Fragen. Zum Mindestlohn. Zu Investitionen in Digitalisierung und Klimaschutz. Zur Wohnungspolitik. Er trägt grundsätzlich alle wichtigen Forderungen seiner Partei mit. Aber alles in Maßen. Er gehört zum sogenannten Seeheimer Kreis, den rechten, wirtschaftsnahen Sozialdemokraten, die zwar für mehr Sozialleistungen sind, aber anders als der linke Parteiflügel nicht um jeden Preis.

Klingbeil überzieht nicht, er übertreibt nicht, er erkennt und respektiert Grenzen, die seiner eigenen Fähigkeiten, aber auch die von Ungehorsam und Rebellion. Manche halten das für zu weich. Klingbeil findet das vernünftig.

Als Schülersprecher engagierte sich Klingbeil für mehr Partys und eine Raucherecke im Schulhof, obwohl er selbst damals noch Nichtraucher war. Er demonstrierte gegen die niedersächsische Bildungsreform des damaligen Ministerpräsidenten Gerhard Schröder und kämpfte für einen »Discobus« in den Nachbarort von Munster, wo es eine Diskothek gab, die er gern besuchte. Er sagt, es sei dabei nicht in erster Linie ums Feiern gegangen, sie hätten vielmehr andere Jugendliche davor bewahren wollen, nach dem Tanzen mit dem Auto betrunken nach Hause zu fahren. Er setzte sich schon damals für Dinge ein, die auch Erwachsene gut finden.

Seine Lehrer von früher erinnern sich an einen lebhaften Schüler, der eine eigene Meinung hatte, aber nicht unangenehm aufmüpfig war. »Er wusste immer, wie weit er zu gehen hatte, ohne den Kommunikationsdraht abzuschneiden, er war durchaus einer, der widersprochen hat, aber so, dass man am nächsten Tag wieder einen neuen Anlauf nehmen konnte«, sagt sein ehemaliger Geschichtslehrer Alfred Mangold. Schulleiterin Silke Meyer, die ihn damals in

Biologie unterrichtete, erinnert sich lediglich daran, ihn auf dem Schulhof mit einem Mädchen erwischt zu haben, eine eher harmlose Bilanz.

Er engagierte sich, aber eckte nicht an, selbst als er den Wehrdienst verweigerte. Sogar sein Vater, sagt Klingbeil, hätte dafür Verständnis gehabt. Lars Klingbeil forderte Autoritäten zwar gerne heraus, aber er achtete stets darauf, nicht mit ihnen zu brechen. »Ich habe mich nie auf Kosten anderer produziert«, sagt er, »und ich habe es mit meiner Kritik nie so übertrieben, dass es nachher unumkehrbar war.«

Als ihn Ende August 2017, vier Wochen vor der Bundestagswahl, der ehemalige Bundeskanzler Gerhard Schröder im Wahlkreis be-

suchen wollte, wurde Klingbeil in ganz besonderer Weise auf die Probe gestellt.

Klingbeil schätzt Schröder, in gewisser Weise bewundert er ihn sogar, für seine Selbstsicherheit, für seine Führungsstärke, ja vielleicht sogar für seine Breitbeinigkeit. Und er verdankt Schröder viel: Als Schröder Bundeskanzler war, arbeitete Klingbeil zwei Jahre lang, von 2001 bis 2003, in dessen Wahlkreisbüro.

Nun aber, kurz vor dem schon länger vereinbarten Besuch, hatte Schröder erklärt, dass er Aufsichtsratsvorsitzender des russischen Staatskonzerns Rosneft werden würde, ein bezahlter Lobbyist Wladimir Putins also. Und Klingbeil musste sich fragen, ob er sich das mitten im Bundestagswahlkampf leisten konnte.

Als er damals mit ihm auf die Bühne trat, sagte Klingbeil: »Ich hab, wenn ich meine Biografie anschaue, viele persönliche Bezugspunkte zu Gerhard Schröder, zum Politiker, aber auch zur Person Gerhard Schröder.« Und dann, zu Schröder persönlich gewandt: »Ich hab, Gerd, deinetwegen meine erste Demo organisiert, gegen deine Bildungspolitik.«

Gelächter im Saal, ein erster Erfolg.

Abermals an Schröder persönlich gerichtet fuhr er fort: »Als ich 2005 gerade angekommen war in Berlin und dachte, jetzt geht's los, hast du Neuwahlen ausgerufen, und ich durfte dafür stimmen, mein Mandat zu verlieren.«

Wieder Gelächter im Saal; Klingbeil zögerte kurz, bevor er zur eigentlichen Pointe kam: »Man kann nur sagen, man hat es nicht immer nur leicht mit dir, lieber Gerd.«

Klingbeil beherrscht die Kunst, vieles zu sagen, ohne dabei jemanden zu verletzen. Vielleicht passt Crossfit auch deshalb ganz gut zu ihm, weil es ein Sport ist, bei dem man niemanden besiegen muss, wenn überhaupt, sich selbst.

Crossfit lebt davon, dass man ein Programm bewältigen will, das ein Trainer vorgibt, dass man bereit ist, nahezu alles zu geben, um ihn nicht zu enttäuschen, und je übermäßiger der Trainer lobt, desto größer die Bereitschaft, ihm zu gefallen.

Klingbeil schaut Läufle an. Darf er die 95 Kilo noch stemmen?

»Der letzte Versuch war hart«, sagt sein Trainer, »er war wirklich auf Leben und Tod.«

Klingbeil könnte jetzt protestieren, er könnte sagen, er habe noch genügend Kraft, um die 95 Kilo zu versuchen, gerade jetzt, da er sich von einem Journalisten beobachten lässt, aber Klingbeil verzichtet auf diesen Etappensieg, er spart sich die männliche Pose.

Klingbeil lächelt.

»Ich wollte mehr«, sagt er, »aber ich durfte nicht.«

Workout of the day

3 Runden, jeweils max. 1 Minute:
Rudergerät, 15 kcal
12 Wall Balls à 9 kg
12 Kettlebell Swings à 24 kg

»Kannst du mal die Musik anmachen?«, fragt Klingbeil, »mein Kummer-Album.«

Felix Kummer, Deutschrapper aus Chemnitz, gehört derzeit zu seinen Lieblingsmusikern.

Wir sind am Höhepunkt seiner Crossfit-Stunde angekommen, dem »Workout of the day«.

Die »Workouts of the day«, kurz WODs, sind eine bestimmte Folge von Übungen, die in einer bestimmten Zeit mehrmals wiederholt werden müssen. Die Übungen tragen üblicherweise Frauennamen. Cindy etwa steht für 5 Pull-ups (Klimmzüge), 10 Push-ups (Liegestütze), 15 Squats (Kniebeugen). Zu schaffen sind so viele Durchgänge wie möglich in zwanzig Minuten. Härter und intensiver sind die sogenannten Hero WODs, die Namen gefallener US-Soldaten tragen.

Klingbeils Programm ist bei Weitem nicht so ehrgeizig, eher ein fortgeschrittenes Aufbauprogramm aus drei Runden mit Rudergerät, Wall Balls, eine Übung, bei der man einen Medizinball gegen die Wand wirft und danach in die Kniebeuge geht, sowie ein Dutzend Kettlebell Swings, bei denen man ein Gewicht zwischen den Beinen durchschwingt.

Dem Programm hat Läufle keinen speziellen Namen gegeben.

Anstrengend ist es für Klingbeil trotzdem, auch mit Musik.

Musik, sagt Klingbeil, sei seine eigentliche Leidenschaft neben der Politik. Musik höre er jede freie Minute, beim Crossfit, beim Joggen, im Auto. Am liebsten deutschen Rap, bei dem es auch um politische Botschaften ginge, weniger den Aggro-Rap aus Berlin. Während seine Klassenkameraden früher Stirnbänder trugen und

Skater sein wollten, machte er es den Rappern nach, trug Kapuzen-pullis und hörte »Mitschnacker« von Fettes Brot. Irgendwann grün-dete er seine erste Band. Fünfzehn Jahre lang war er Sänger und Gitarrist, unter anderem in der Rockband Sleeping Silence, mit der ihm sogar ein Nummer-eins-Hit in den Charts von Radio Flora in Hannover gelang. »Breakthrough« heißt der Song; er handelt von Leuten, die sich verstellen, um anderen zu gefallen. Er schwor sich, das niemals zu tun.

Als Klingbeil 2005 zum ersten Mal als Nachrücker für knapp neun Monate im Bundestag saß, trug er ein gut sichtbares Piercing in der linken Augenbraue. Er war Bundesvize der Jusos und kam ins Parlament, weil sein Vorgänger wegen einer Gehälteraffäre sein Mandat niederlegen musste.

Der *Focus* nannte Klingbeil eine »optische Revolution« und sein Piercing ein »Aua am linken Auge«, *Bild* hänselte: »Der Reichs-tagsrocker. Gepierct im Parlament«. Franz Müntefering stellte ihn damals der Bundestagsfraktion mit den Worten vor: »Der Lars ist Jungsozialist – und das sieht man ihm auch an.«

Klingbeil sagt, es hätten sich alle nur für sein Piercing interes-siert, nie für seine Politik. Als er 2009 nach vier Jahren Pause in den Bundestag zurückkehrte, war das Piercing verschwunden.

Wenn er mit Musik hätte Geld verdienen können, sagt Klingbeil, hätte er das wohl gemacht. Aber jetzt, als Politiker, möchte er sich nicht blamieren. Bei Nahles habe man gesehen, wohin das führen könne. Er singt nur noch privat. Wie bei seiner Hochzeit im vergan-genen Jahr, als er mit einer Freundin »Shallow« von Bradley Coo-per und Lady Gaga sang, ein anspruchsvoller, aber kitschiger Song. Aber außer seinen Freunden bekommt das niemand mit. Er spielt den Song auf seinem Handy vor, das Original, Bradley Coopers Part.

Tell me somethin', girl
Are you happy in this modern world?
Or do you need more?
Is there somethin' else you're searchin' for?

»Das bin jetzt nicht ich«, sagt Klingbeil. Zur Sicherheit.

Er geht noch viel auf Konzerte und Festivals, findet immer Zeit für Treffen mit Musikern. Als sich nach einem Interview, das er frühmorgens, vor sieben Uhr, im Deutschlandfunk gab, Thees Uhlmann, Sänger und Autor, per Twitter meldete, freute Klingbeil sich, als hätte ihm Willy Brandt persönlich gratuliert. »Noch keine 7 und schon auf @DLF abgeliefert. Hut ab!«, postete Uhlmann. Es hat ihn gefreut, dieses Lob von Thees Uhlmann: »Alter-hast-du-geil-abge-liefert-heute«, wie er es erinnert, ein Ritterschlag von einem, den er wirklich für cool hält.

Drei Wochen vor unserem Crossfit-Termin besuche ich mit ihm seinen Wahlkreis, ein Pflichtprogramm, das er alle zwei Wochen mit bewundernswerter Ruhe absolviert.

Er nimmt den ICE ab Berlin-Spandau, steigt in Hannover aus, fährt mit dem Auto zur Oberschule nach Lehrte, wo er vor Schülern spricht, dann Mittagessen in Munster, abends eine weitere Folge von »Klingbeil im Gespräch« in Bomlitz, am nächsten Morgen ein Gespräch über Rassismus in Klingbeils ehemaligem Gymnasium in Munster, dann Besuch der Felix-Nussbaum-Schule in Walsrode. Danach zu Verdi, zur Agentur für Arbeit. Und schließlich schaut er in einer Bäckerei in Soltau vorbei, deren Inhaber sich über Facebook bei ihm mit einer Reihe von Beschwerden gemeldet hatte, unter anderem über die sogenannte Bonpflicht, also die Vorschrift, jedem Kunden einen Kassenbon auszuhändigen.

Auf dem Weg dorthin hat er sich auf YouTube schnell einen NDR-Bericht zum Thema Bonpflicht und die Klagen der Bäcker angesehen, er weiß jetzt, worum es den Bäckern geht.

Klingbeil sitzt dem Bäcker an einem Tisch in dessen Backstube gegenüber.

»Wollen Sie mal ein bisschen erzählen?«, fragt Klingbeil.

Er lässt ihn kurz reden, dann fragt er weiter.

»Wie viele Mitarbeiter haben Sie?«

»Backen Sie noch am Standort?«

»Wann geht das morgens bei Ihnen los?«

»Finden Sie noch genug Leute?«

»Bilden Sie auch aus?«

Dann fragt er nach Nachtdienst, Zuschlägen, der neuen Bonpolitik.

Klingbeil hört dem Bäcker zu, bis er alles gesagt hat, wirklich alles. Er erklärt, erläutert, versucht Verständnis zu wecken. »Die CO_2-Botschaft ist angekommen«, resümiert er, »ich nehm mal so ein bisschen wahr, dass Sie nicht jubeln, aber Sie sagen, Sie können's nachvollziehen.« Aber selbst dann steht er nicht auf: »Sie müssen sagen, welche Themen Sie noch haben, ich will das hier alles ansprechen. Meine Handynummer hatte ich Ihnen schon gegeben, oder?«

Klingbeil hat tatsächlich eine Handynummer, die er Wählern verrät, es ist zwar seine Zweithandynummer, mit der er WhatsApp-Nachrichten empfängt, aber für die Leute ist es trotzdem die Handynummer des Generalsekretärs der SPD. Und wer hat die schon? Klingbeil weiß, wie man Nähe vermittelt. »Wenn was ist«, erklärt er dem Bäcker, »einfach 'ne kurze SMS schicken oder 'ne WhatsApp, dann rufe ich meistens schnell zurück, es sei denn, es ist mal eine Krise in der SPD, dann dauert es zwei Tage länger.«

Danach sitzt er im Auto, auf dem Weg nach Hannover, von wo aus er den ICE zurück nach Berlin nehmen will, sein Fahrer dreht das Autoradio auf. Es ist jetzt Zeit für Musik.

Klingbeil denkt über das Gefühl nach, als Rockstar auf der Bühne zu stehen, ein Gefühl, das man in der Politik nicht erreichen könne, sagt er, nur »Obama vielleicht«. »Wie geil muss das sein, wenn man die ersten Töne spielt und alle kennen den Song«, schwärmt Klingbeil. Er habe es mit seiner Band immerhin vor ein Publikum von tausend Leuten geschafft, als Vorgruppe allerdings nur. Und niemand sang mit, denn niemand kannte die Songs.

»Lars, zeig doch jetzt mal deinen Song«, sagt seine Sprecherin.

Klingbeil tippt auf seinem Handy herum. Er weiß nicht so recht, ob er »Breakthrough« wirklich vorspielen soll, seinen Nummer-eins-Hit bei Radio Flora.

Aber er will sich jetzt auch nicht zu lange zieren.

»Mir hat keiner geglaubt, dass ich das singe«, sagt Klingbeil. Dann hört man ihn singen. Er klingt gar nicht wie Klingbeil. Seine Stimme ist viel rauchiger, als man sie kennt.

Today they gonna be a star
But not steered and dressed like you
I just want to stay myself
And here today is my breakthrough

Einen Moment ist es ruhig im Auto, bis Hannover ist es jetzt nicht mehr weit.

»Willst du noch ein Lied zum Abschied hören?«, fragt Lars Klingbeil seinen Fahrer. Er sucht auf seinem Handy einen Song von Fynn
Kliemann, ein deutscher Webdesigner, Unternehmer, Autor, Schauspieler und YouTuber, der auch Musiker ist.

Der Song heißt »Zuhause« und steht wie kaum ein anderer für
Klingbeils Lebensgefühl, seine Sehnsucht nach Heimat in einem
Leben, in dem er andauernd unterwegs sein muss. Den Song hat
er zum Eröffnungstanz auf seiner Hochzeit spielen lassen, er ist
auch eine Liebeserklärung an seine Frau. Sie sei sein eigentliches
»Zuhause«, sagt er auf dem Rücksitz seines Dienstwagens, egal,
wo er sei.

Über die Autolautsprecher singt nun Fynn Kliemann.

Die Nacht ist noch jung
Aber wir sind schon alt
Die Kerze noch warm
Aber die Füße sind kalt
Ich warte auf mehr
Du wartest auf mich
Doch so weit bin ich nicht
Bleibe ein Kind
Ritz meinen Namen in Bänke
Und piss in den Wind

»Ich hab mich neulich mal mit dem verabredet«, sagt Klingbeil.

Dann stehen wir vor dem Hauptbahnhof in Hannover, und Klingbeil steigt aus.

Finisher

4 Runden à 25 Meter Schlittenschieben mit 50 kg Zusatzgewicht

Läufle erklärt die letzte Übung: den Schlitten von der einen zur anderen Wand schieben und zurück, dann kommt der nächste dran. Die Übung sei auch bei Footballspielern beliebt, sagt Läufle. »Wenn ihr merkt, dass es euch schwindelig oder schlecht wird, lasst es gut sein.«

Läufle erlaubt eine Proberunde ohne Gewichte, dann geht es los.

Eigentlich wäre Lars Klingbeil 2019 auch gern SPD-Parteivorsitzender geworden, aber als das Rennen um die Ämter begann, wartete er zunächst ab, aus Rücksicht auf seinen Mentor, den niedersächsischen Ministerpräsidenten Stephan Weil, dem er den Vortritt lassen wollte. Erst als Weil sehr spät, Ende Juli, bekanntgab, sich nicht um die Nachfolge von Andrea Nahles zu bewerben, begann Klingbeil die Suche nach einer geeigneten Partnerin für eine Doppelspitze, aber die fand sich dann nicht mehr.

Er sei nicht verbittert, sagt Klingbeil, er könne damit sogar sehr gut leben. »Ich hätte Lust zu einer eigenen Kandidatur gehabt«, erklärt er tapfer, »habe Gespräche in der Sache geführt und dann festgestellt, dass es keine funktionierende Konstellation gab. Mit der Entscheidung, die ich dann getroffen habe, bin ich aber vollkommen im Reinen.«

Einen Moment habe er danach zwar überlegen müssen, ob er unter den neuen Vorsitzenden weiter Generalsekretär bleiben wolle, unter Saskia Esken und Norbert Walter-Borjans, seinen Vorsitzenden Nummer sieben und acht. Dann aber sagte er zu, obwohl die Neuen politisch gesehen nicht seine Wunschkandidaten waren, sondern eher das konkurrierende Paar Klara Geywitz und Olaf Scholz. Hat er sich damit einen Gefallen getan?

Als Angela Merkel CDU-Generalsekretärin war, nutzte sie die Krise ihrer Partei, um sich von ihrem Mentor Helmut Kohl zu lösen und Bundesvorsitzende zu werden.

Klingbeil bleibt vorerst Generalsekretär.

»Ich muss sagen, dass Lars eigentlich fit ist«, sagt sein Trainer, »bei ihm geht es unter dem Strich darum, dass er ein bisschen abnimmt. Lars ist einfach viel Mensch.«

Ein nettes Wort für ein paar Kilo zu viel.

»Eigentlich ist Lars wie ein Panzer gebaut«, fährt Läufle fort. »Beim Football könnte man ihn in die O-Line stellen.«

Die O-Line, die Offensive-Line, beim American Football ist so etwas wie die Leibgarde des Quarterback, des Spielmachers und eigentlichen Stars des Spiels. Die kräftigsten Spieler schützen ihn vor der Verteidigungslinie des Gegners und verschaffen ihm die notwendigen Sekunden, um einen erfolgreichen Spielzug zu entwickeln, der im besten Fall mit einem Touchdown endet. Sie ackern, damit der Quarterback glänzen kann.

Läufle empfiehlt Klingbeil, viel Nudeln zu essen, Kaffee zu trinken und auszuschlafen, dann schaffe er die 95 Kilo ganz sicher beim nächsten Mal. Sie klatschen sich ab. »Beim nächsten Mal«, sagt Läufle, »geben wir noch mal Vollgas.«

Zwölf Tage vergehen, dann schickt Klingbeils Pressesprecherin eine SMS; es ist ein Tag vor Weihnachten: »Herr Klingbeil hat in seiner Crossfit Box heute die 100 Kilo geschafft.«

Er hat seine Wette gewonnen und hat jetzt einen Kasten Bier.

Männertraum
Porschefahren mit Christian Lindner

In seinem Leben war der FDP-Parteivorsitzende immer der Erste, auf der Autobahn lässt er sich auch mal überholen.

Ich hätte Christian Lindner gern mit meiner Idee überrascht: einmal mit ihm in seinem Porsche zu fahren, einem Porsche 911 SC, von dem er gelegentlich in Interviews spricht, um eine Reportage über die Leidenschaft eines Menschen zu schreiben, der angeblich nur an seine Karriere denkt und sonst an nichts anderem interessiert ist.

Im April 2018 sitze ich auf der Couch in seinem Büro, auf der er mir mit einer großzügigen »Was-kann-ich-heute-für-Sie-tun?«-Geste einen Platz zugewiesen hat, und bin mir alles andere als sicher, ob er meinen Vorschlag, gemeinsam in seinem Porsche zu fahren, akzeptieren wird, weil das alles bestätigen könnte, was seine Gegner ihm vorhalten: den Sportwagen, den Yuppie, die FDP.

Deswegen hole ich ein bisschen aus, erzähle von meinem Vorhaben, mich Politikern über ihre Leidenschaften jenseits der Politik zu nähern, aber bevor ich den Porsche erwähnen kann, kommt er mir zuvor: »Okay, dann fahren wir Porsche zusammen.«

In seinem Leben als Politiker kennt man Christian Lindner als einen, der gern Schnellster sein will.

Mit 17 war er Vorstandsmitglied der Jungen Liberalen in Nordrhein-Westfalen, mit 19 Mitglied des nordrhein-westfälischen FDP-Landesvorstands, mit 21 jüngster Landtagsabgeordneter, mit 25 nordrhein-westfälischer FDP-Generalsekretär, mit 30 Generalse-

kretär der Bundespartei und schließlich, mit 34, Vorsitzender der FDP in Deutschland.

Er wirkte dabei immer so, als hätte er zwei Klassen übersprungen.

Lindner ist ein Mensch, der gern viel Wissen anhäuft, weshalb er auch Ulf Poschardts Buch über die Geschichte des Porsche 911 gelesen hat, ein Buch für Porscheliebhaber, in dem der Chefredakteur der Tageszeitung *Die Welt* allerhand Argumente zusammengetragen hat, die erklären, warum es allen Vorurteilen zum Trotz absolut in Ordnung ist, Porschefahrer zu sein.

»Der wahre Porsche-Fahrer«, schreibt Poschardt gleich zu Beginn seines Buchs, »versteht sich als verantwortungsbewusster

Konsument. Er ist kein Freund des Tempolimits, aber auch kein Hasardeur der Überholspur.«

Es entspricht ungefähr dem Bild, das auch Lindner von sich hat: ein Mensch, der sich keiner Kategorie zuordnen lassen will.

»Also gut«, sagt Christian Lindner in seinem Büro, »Sie kommen zu mir nach Düsseldorf, dann waschen wir zuerst das Auto zusammen, machen eine Spritztour ins Bergische Land, und ich lade Sie dann noch auf eine ›Bergische Kaffeetafel‹ ein.« Er schaut mich vergnügt an.

Eine »Bergische Kaffeetafel« ist eine eher üppige Mahlzeit aus Waffeln, heißen Kirschen und Milchreis. Ich hätte ihm eine derart sympathische Sünde gar nicht zugetraut.

Im Juli 2018, wenige Tage vor dem Ausflug mit seinem Porsche, treffe ich Lindner zum Mittagessen im Westflügel des Deutschen Bundestags. Mehr als ein halbes Jahr ist es zu diesem Zeitpunkt her, dass er mit seiner FDP die Verhandlungen um die sogenannte Jamaikakoalition von CDU/CSU, FDP und Grünen zur Überraschung aller beendet hat.

Seinen Wahlkampf hatte er mit dem Versprechen geführt, seine Partei zurück in den Bundestag zu führen, zurück in Regierungsverantwortung. Er hatte hart dafür gearbeitet: »45 Monate Parteivorsitzender in der ›APO‹, 372 000 Kilometer im Auto, 673 Interviews und 951 Reden auf Veranstaltungen«, wie er selbst ausgerechnet hat. Er hat bereits öffentlich über Regierungsämter nachgedacht. Aber nach vier Wochen Verhandlung wollte er diese Verantwortung plötzlich nicht mehr übernehmen. »Es ist besser, nicht zu regieren, als falsch zu regieren!«, sagte Lindner. Warum ausgerechnet er, der bis dahin stets Vollgas zu geben schien, auf einmal eine Vollbremsung hinlegte, sagte er nicht.

Er betritt das Restaurant im Reichstag. Dass er überhaupt hier ist, bleibt sein ganz persönlicher Erfolg: Nach vier Jahren sitzt seine Partei wieder im Deutschen Bundestag. Als Autokennzeichen für seinen Dienstwagen hat er »D-CL 2017« gewählt, seine Initialen und das Jahr der Bundestagswahl, eine Hommage an sich selbst.

Aber seit er die Jamaikaverhandlungen verlassen hat, ist nicht mehr klar, was er darüber hinaus im Bundestag will. Für was steht eigentlich Lindners FDP?

Im Plenum ging es gerade wieder einmal um Asylpolitik, wozu auch Lindner eine Rede gehalten hat. Doch was er sagte, war kaum von Belang, es veränderte nicht die Debatte, er redete nur noch für das Protokoll. Man könnte sagen, es ist wieder einmal so ein Tag, der zeigt, dass es möglicherweise ein Fehler war, nicht mitzuregieren.

Christian Lindner hat allerdings ein ganz anderes Gefühl.

Er sei froh, dass er nicht mitregiere, so zerstritten wie die Regierung sei.

»Stellen Sie sich mal vor«, sagt Christian Lindner, »wenn wir jetzt in der Regierung wären. Wie sollten wir dann eine gemeinsame Position mit den Grünen finden, die ja als Letzte in Europa die alte, unkontrollierte Flüchtlingspolitik von Merkel vertreten?«

Er setzt sich an einen der ersten Tische gleich neben dem Eingang, wo alle vorbeikommen, Minister, Staatssekretäre, Journalisten. Er grüßt alte Bekannte quer durch den Raum. Martin Schulz, der sich offenbar verletzt hat, humpelt vorbei, und Lindner nutzt die Gelegenheit, sich hörbar nach seinem Befinden zu erkunden. Einem Parteifreund, den er im Gespräch mit einem *Focus*-Journalisten sieht, ruft er zu, falls er am Wochenende etwas Schlechtes über sich im *Focus* lese, wisse er ja jetzt, aus welcher Quelle die Information stammte.

Lindner wirft einen Blick in die Speisekarte.

»Jetzt bestellen wir erst einmal eine Flasche Riesling«, sagt er.

Er lächelt und genießt die falsche Erwartung, die er damit geweckt hat.

Er? Eine Flasche Wein? Mittags? Im Bundestagsrestaurant?

War natürlich nicht ernst gemeint.

Alkohol am Mittag findet er offenbar völlig absurd.

Er zeigt auf die Karte.

»Die ganze erste Seite: nur Alkoholika«, stellt er fest.

Männertraum

Als der Kellner kommt, bestellt Lindner eine Cola light.

Auf YouTube kann man ihn als 18-jährigen Jungunternehmer in einem selbst produzierten Video sehen. Er trägt Aktenkoffer, Anzug und eine Krawatte mit Kuhfellmuster, fährt in einem dunklen Mercedes durch die Gegend und sagt dabei sehr erwachsene Sätze über Leistung, Fleiß und die Notwendigkeit durchzuhalten, wenn es im Leben einmal abwärtsgehen sollte. »Probleme«, sagt er in diesem Video, »sind nur dornige Chancen.«

Als das Video kurz vor der Bundestagswahl 2017 auftauchte, drohte Lindner für einen Moment die Kontrolle über seinen bis dahin perfekt geführten Wahlkampf zu verlieren. Das Bild des altklugen Schülers schien eine perfekte Vorlage für seine Gegner zu sein. Aber bevor sie es ausschlachten konnten, bedankte sich Lindner bei dem Sender, der das Video veröffentlicht hatte, als hätte er ihm damit einen Gefallen getan; danach war es nicht mehr ganz so interessant, und am Ende spielte es keine Rolle mehr.

»Haben Sie feuerfeste Unterwäsche?«, fragt Lindner jetzt im Bundestagsrestaurant, »und einen Helm?«

Er lächelt. Er spielt lieber selbst mit seiner Karikatur eines neureichen Schnösels, bevor es andere tun. Es ist seine Art, seine Kritiker zu entlarven.

Das mit der feuerfesten Unterwäsche war natürlich ein Scherz, sagt er. »Mein Porsche fährt gar nicht so schnell, nach heutigen Maßstäben, er ist nämlich ein historisches Modell.«

Das Auto

Knapp drei Monate nach dem ersten Treffen in seinem Büro stehe ich vor Christian Lindners Apartmentgebäude in Düsseldorf. Ich bin dort früher als geplant eingetroffen, ein alter Reportertrick, aber Lindner kann man nicht so leicht überraschen.

Er bittet mich nicht nach oben, nur weil ich früher gekommen bin. Sein Pressesprecher empfiehlt mir ein Café in der Nähe, wo ich frühstücken kann. Als Lindner schließlich so weit ist, mich zu empfangen, bittet er mich, an die Haustür zu kommen, aus der er kurz darauf tritt, abfahrbereit, mit der Fernbedienung für das Garagentor in der linken Hand.

»Hallo«, sagt Christian Lindner, »seit wann sind Sie da?«

Lindner trägt ein weißes T-Shirt, darüber einen dunkelblauen Cardigan, helle Chinos und Sneakers, schick, aber dezent, keinesfalls protzig, bewusstes Understatement. Er sieht ein bisschen so aus, wie Ulf Poschardt in seinem Buch *911* einen idealisierten Porschefahrer beschreibt, lässig, tiefenentspannt, der Prototyp eines Mannes, der sich der Überlegenheit seines Autos bewusst ist: »Es genügt vollkommen zu wissen, was das Auto kann«, schreibt Poschardt über die Psyche des 911er-Fahrers, »es muss nicht ständig unter Beweis gestellt werden. Das überlässt er den gestressten Vertretern und leitenden Angestellten in ihren süddeutschen Kombis.«

Vor Lindner hebt sich langsam das Tor, das den Weg in einen Innenhof mit einem Dutzend Stellplätzen öffnet. Rechts an der Wand, zwischen einem leeren Stellplatz und dem Geländewagen eines Nachbarn, steht sein Porsche. Schwarz. Rabenschwarz. Aber Lindner sagt nicht »schwarz«. Er sagt »black«. So wie Keanu Reeves, der seinen Porsche auch »black« fährt. Lindner erklärt, sein Porsche sei sogar »triple black«, weil nicht nur die Karosserie schwarz ist, sondern auch die Felgen ebenso wie die Innenausstattung.

Ich habe überhaupt keine Ahnung von Autos, ich fahre einen zehn Jahre alten VW-Kombi, aber der Porsche sieht sehr schön aus.

»Wir können ja gleich ein bisschen fahren«, sagt Christian Lindner.

Als er fünf Jahre alt war, ließen sich seine Eltern scheiden, er wuchs bei seiner Mutter auf, die erst 17 war, als er geboren wurde. Er sah seinen Vater oft, sagt er, verbrachte aber auch viel Zeit bei seinen Großeltern, wo er Autoquartette auswendig lernte, die seine Oma in einem Eimer zusammenmischte, um ihn Karte für Karte nach den Kennzahlen abzufragen: Hubraum. PS. Höchstgeschwindigkeit.

Er lernte schon früh, mit Detailwissen zu glänzen.

»Ich habe den alten amerikanischen Meilen- durch einen neuen Kilometertacho ersetzen lassen«, sagt Lindner, »seitdem bin ich 1289 Kilometer gefahren.«

Wenn man ihn nach seiner Leidenschaft für Autos fragt, spricht er von der Faszination für das »automobile Kulturgut«. An freien Tagen, sagt er, durchforste er Online-Gebrauchtwagenbörsen wie mobile.de oder autoscout24.de, um nach Oldtimern zu suchen, die er »alte Schönheiten« nennt. So entspanne er sich.

Auf seiner Website ist er im Rennanzug neben einem Rennwagen zu sehen.

Es ist ihm wichtig, dass man ihn und seine Leidenschaft für Automobile ernst nimmt. Nicht dass es am Ende so aussieht, als sei er ein Angeber. Als tue er nur so.

Sein erstes Wort als Kleinkind sei »Auto« gewesen, sagt Lindner.

Nicht »Mama«. Nicht »Papa«. Nicht »Oma«. Nicht »Opa«.

Auch nicht: »Ich«.

Sondern: »Auto«.

Muss er mehr sagen?

Zu jeder Phase seines Lebens kann er eine Autogeschichte erzählen.

Als Kleinkind bekam er sein erstes Matchbox-Auto geschenkt.

Als Grundschüler spielte er Autoquartett.

Als Teenager sammelte er Herpa-Autos, Miniaturmodelle, der Deutschen Tourenwagen Meisterschaft.

Als Gymnasiast las er seine ersten Autozeitschriften, *Motor Klassik*, *Auto Bild* und natürlich *Auto Motor und Sport*, die er bis heute abonniert hat.

Nur auf seine erste Carrera-Bahn musste er länger warten als andere Jugendliche, er bekam sie erst geschenkt, als er längst volljährig war.

Nun steht er vor seinem Porsche 911 SC. Ein »Klassiker des Automobilbaus«, wie er ihn nennt, Baujahr 1982, 180 PS, sechs Zylinder, drei Liter Hubraum, sieben Sekunden von null auf hundert, 225 Stundenkilometer Höchstgeschwindigkeit, Motor: luftgekühlt. Er weiß alles über dieses Auto. Er muss nichts nachschauen, nicht den Kilometerstand, den er auf den Kilometer genau kennt.

Es ist Lindners fünfter Porsche. Er nennt ihn »den Eckpfeiler meiner Altersversorgung«. Das klingt vernünftig.

Sein erstes Auto war ein BMW 318is, vier Zylinder, 136 PS, den er sich schon mit 18 als Jungunternehmer kaufte, von seinem ersten selbst verdienten Geld.

Seinen ersten Porsche kaufte er mit 20, einen 911 Boxter, da war er bereits Mitglied des FDP-Landesvorstands. Es folgten ein weiterer Boxter, dann ein 911 Cabrio, ein 996 Cabrio und schließlich der Porsche 911 SC, den er bis heute fährt.

»So ein Auto«, sagt Christian Lindner, »kann man nur kaufen, wenn man die Historie kennt. Und das Schöne ist, dass ich das alles dokumentiert habe seit 1982.«

Er kennt die Fabrik, aus der es stammt: Stuttgart-Zuffenhausen.

Die Zahl der Vorbesitzer: einer.

Den Beruf des Vorbesitzers: Mechaniker für Heidelberger Druckmaschinen.

Dessen Wohnort: Los Angeles, USA.

Den Grund für dessen Porscheliebe: Begeisterung für deutsche Technik.

Die Zahl der Unfälle: null.

»Jahreswagenzustand«, erklärt Christian Lindner.

Es ist ihm wichtig, dass alles an seinem Porsche originalgetreu ist, sogar das Autoradio, das damals, als sein Porsche gebaut wurde, noch keine Digitalanzeige hatte. Und dass sein Porsche eine ernstzunehmende Geschichte hat, eine amerikanische, weshalb Lindner lange auf Ebay und anderen Onlinebörsen nach einer Originalplakette des amerikanischen Porscheverbandes »Porsche Owners Club« suchte, die so viel gekostet hat, dass er sich lieber nicht mehr an den Preis erinnern will. Er hat sie trotzdem gekauft; sie ziert jetzt die Heckklappe seines Autos.

Er streicht mit dem Finger über den Lack, auf dem sich während des langen Herumstehens ein matter Film gebildet hat. »Das ist kein Dreck«, sagt Lindner, »das ist nur Staub.«

Von einem Ausflug zur Waschstraße ist keine Rede mehr.

Er lässt den Motor an.

»Gut, ne?«, sagt er.

Unter Porschefahrern kann er sich mit seinem Porsche 911 SC tatsächlich sehen lassen. Er gehört zu den sogenannten G-Modellen der frühen Siebziger- bis späten Achtzigerjahre, über die man bei Ulf Poschardt nachlesen kann, dass mit ihnen »ein Reifungsprozess des 911ers« begonnen hat. »Waren die G-Modelle in den ersten vier Jahren basismotorisierte Serienvarianten modifizierter Ur-Elfer«, schreibt Poschardt in seinem Buch, »wurde 1978 mit dem ersten SC die breitere Karosserie des Carrera zum Standard und das G-Modell erhielt jene sinnliche, hochelegante und bestproportionierte Erscheinung, die für viele Elfer-Freunde der ansehnlichste Porsche geworden ist. Für Freunde der luftgekühlten Elfer, die sich salopp ›Luftis‹ nennen, materialisiert das G-Modell das Ideal des Elfers.«

Ein Auto von zeitloser Schönheit, Retro-Kult.

Lindner steigt aus. Der Motor läuft weiter.

Er öffnet die Heckklappe, damit man den laufenden Motor sehen kann.

Stadtfahrt

Christian Lindner hat jetzt mit seinem Porsche die Garagenausfahrt verlassen.

Wir müssen noch einen Moment warten, weil in Lindners Auto nur Platz für zwei ist und der Fotograf uns im eigenen Auto folgen muss. Der Fotograf hätte sich zwar gern auf die Rückbank gequetscht, aber Lindner hielt das für keine gute Idee: »Wenn Sie sechs wären, ja. Aber so müssen Sie bitte mit Ihrem eigenen Auto hinterherfahren.«

Lindner schaut links die Straße entlang, von wo der Fotograf kommen muss. Ein Passat fährt auf uns zu. Er findet, ein Passat könnte zum Fotografen passen.

»So«, sagt Lindner, »das könnte er sein.«

Er schaut mich mit wachsender Ungeduld an.

»Oder der Volvo da?«

Ungeduld ist eine Charaktereigenschaft, die Lindner gern für sich reklamiert, sie gehört zu dem Bild, das er von sich selbst projiziert. Im Bundestagswahlkampf 2017 ließ er sich großflächig mit dem Satz »Ungeduld ist auch eine Tugend.« plakatieren.

Ich müsste eigentlich wissen, welches Auto dem Fotografen gehört, weil ich am Morgen mit ihm zu Lindners Wohnung gefahren bin. Aber ich habe nicht darauf geachtet.

Ein schwarzes Auto nähert sich uns, ich könnte auf die Entfernung nicht sagen, welche Marke. Aber Lindner ruft: »Das sieht nach 'nem Volvo aus. Ein Volvo könnte ein gutes Fotografenauto sein.«

Es kommt mir plötzlich auch sehr wahrscheinlich vor, dass ich am Morgen in einem schwarzen Volvo gesessen habe. Ich bin das Warten leid, den angespannten Christian Lindner.

»Das isser!«, rufe ich.

Lindner drückt auf die Hupe, damit der Volvo auf ihn aufmerksam wird.

Aber leider haben wir uns getäuscht. Ich schaue geradeaus, Lindner schaut geradeaus.

Es ist jetzt besser, gar nichts zu sagen.

Wir schweigen, bis am Ende der Straße das nächste Auto auftaucht. Es fährt zügig auf uns zu, es ist wieder schwarz.

»Ein BMW, sehr schnell. Das isser!«, ruft Lindner.

Diesmal sage ich lieber nichts. Aber tatsächlich: Lindner hat recht. Es ist der Fotograf. Es kann endlich losgehen.

Lindner schaut mich an: »Soso«, sagt er. »Ich verstehe jetzt, wie das bei Ihnen ist: Sie haben eine Volvo-Limousine mit einem BMW-Kombi verwechselt.«

Er macht eine Pause, um die Peinlichkeit ein bisschen wirken zu lassen.

»Okay«, sagt er dann, »aber immerhin waren beide Autos schwarz. Zumindest sind Sie also nicht farbenblind.«

Ein paar Wochen zuvor hatte ich Lindner einen Tag nach Frankfurt am Main begleitet, wo er morgens zunächst auf einer Podiumsveranstaltung der *Frankfurter Allgemeinen Zeitung* vor überwiegend älteren Herrschaften auftrat, denen er etwas von der wichtigen Rolle des Qualitätsjournalismus erzählte. Er kannte ihre Sprache, er benutzte ihre Fachbegriffe, etwa »V. i. S. d. P.« im Zusammenhang mit dem Chefredakteur, das Kürzel, das für »Verantwortlich im Sinne des Presserechts« steht. Am Nachmittag trug er in der Universität Frankfurt in einem übervollen Auditorium vor, mehrere Hundert Studenten, die durchschnittlich vierzig Jahre jünger waren als die Herrschaften bei der *FAZ*, aber auch hier sprach er ihre Sprache, benutzte ihre Fachbegriffe, redete von Digitalisierung, von Blockchain und »GAFA«, das Kürzel, hinter dem sich die großen Unternehmen des Digitalzeitalters verbergen, Google, Apple, Facebook und Amazon.

Man kann ihm in solchen Momenten nur wünschen, dass er auch mal staunen kann. Dass er sich einfach hinsetzt und anderen Leuten zuhört. Dass er schlauer aus einem Saal herausgeht, als er hereinkam. Aber er weiß immer schon vorher so viel.

Er fährt an seinem Stammsupermarkt vorbei, einem Rewe City, und hebt unwillkürlich die Hand. Es ist mir zunächst nicht ganz

klar, wen oder was er da aus seinem Porsche heraus entdeckt haben will, aber Christian Lindner wartet nicht, bis ich ihn danach frage. »Beim Rewe da«, sagt er, »der kleine Junge, der verkauft immer dieses Obdachlosenmagazin, da hab ich ihm gewunken.«

Christian Lindner fällt es schwer, etwas einfach mal für sich stehen zu lassen. Egal, was er sagt, egal, was er macht, immer muss er es einordnen, interpretieren, wie ein Schauspieler, der neben seinem Rollentext ständig die Regieanweisungen aus dem Drehbuch mit vorliest.

Lindner kennt die Vorlieben meiner Kollegen, er weiß, welches Hobby mein Chefredakteur betreibt, er kommentiert meine Armbanduhr: »Ich sehe, Sie sind ein Freund der mechanischen Uhr.«

Das beachtliche Wissen, das Lindner hat, könnte ein Vorteil sein, wenn er es dosierter einsetzen würde.

Aber das Wissen sprudelt dauernd aus ihm heraus.

Ein Porschefahrer, schreibt Ulf Poschardt, sei ein Mensch, der permanent gegen eine »fiebrige Sehnsucht nach absoluter Überschreitung« ankämpft.

In seiner Autobiografie *Schattenjahre* hat Christian Lindner seinen lebenslangen Kampf mit dem Körpergewicht verarbeitet. Darin schreibt er, wie sehr er als Kind die Puddingteilchen aus der Bäckerei seiner Großeltern liebte. Mit 14 Jahren hatte er 30 Kilogramm Übergewicht und entschloss sich abzunehmen, ging joggen und hungerte sich mit Knäckebrot wieder auf Normalgewicht herunter. Heute sitzt er regelmäßig auf seiner Rudermaschine, und wenn er mal an einem Tag noch keinen Sport gemacht hat, isst er lieber etwas Leichtes, um nicht sein schlechtes Gewissen zu provozieren.

Immer wieder gab es in seinem Leben diese Momente, in denen es so schien, als habe er das Gefühl für das vernünftige Maß verloren. Auf dem Schulhof des Gymnasiums in Wermelskirchen etwa, wo er die Wirkung des Satzes »Geh mir aus der Sonne« des griechischen Philosophen Diogenes an Lehrern ausprobierte und der Schulleiter ihn deshalb wegen »Gefährdung des pädagogischen Klimas« vorlud. Oder bei seiner Zivildienststelle in Gummersbach, vor der er mit seinem ersten Porsche 911 vorfuhr. Oder zu Beginn seiner politischen Karriere im nordrhein-westfälischen Landtag, als er sich Christian W. Lindner nannte, W. für Wolfgang in Anlehnung an Jürgen W. Möllemann, den damaligen Wirtschaftsminister. Bescheidenheit zu zeigen, fällt ihm nicht leicht. Als er jüngst einmal für sein außerordentliches Redetalent gelobt wurde, bedankte er sich auf Latein: »Poetae nascuntur, oratores fiunt.« Zum Dichter wird man geboren, zum Redner wird man gemacht.

Der Verkehr in Düsseldorf ist zäh, immer wieder muss Lindner an Ampeln anhalten. Aber Lindner ignoriert den Verkehr.

Das Angenehme an einer Stadtfahrt ist, dass man gar nicht schnell fahren muss, um aufzufallen. Man kann langsam die Kö in Düsseldorf oder die Leopoldstraße in München herunterfahren oder einfach nur an der nächsten Ampel stehen. Christian Lindners Elfer ist schon im Stand unschlagbar, laut genug, um alle Aufmerksamkeit auf sich zu lenken. Es ist dann ein bisschen wie bei einem Formel-1-Rennen, wenn alle Rennwagen auf ihren Startpositionen stehen und die Fahrer ihre Motoren aufheulen lassen, der vielleicht schönste Moment, wenn das Rennen selbst noch eine vage Vorstellung ist.

»Ich überleg gerade, wo wir noch schön rumdüsen können, um nicht zu viel Zeit zu verbrennen«, sagt Lindner.

Autobahnfahrt

Lindner hat sich für die A59 entschieden. Es gebe da noch Abschnitte ohne Geschwindigkeitsbeschränkung, sagt er. Er stellt das Autoradio an, Hitradiomusik. »Zeitgenössische elektronische Musik«, erklärt Lindner.

Er findet, das passt zu unserem Ausflug mit seinem Porsche.

Ich will von ihm wissen, wann genau er das erste Mal das Wort »Auto« gesagt hat.

»Ich konnte vergleichsweise früh sprechen«, sagt Christian Lindner.

Ich würde es gerne genauer wissen, aber das kann er nicht beantworten. Er wolle auch nicht spekulieren, sagte er, weil er keine neue Schlagzeile produzieren möchte. Er will nicht unnötig das Klischee des frühreifen Alleskönners bedienen. Dass er häufig schneller als andere war, hat ihm das Leben nicht immer leichter gemacht.

Sein verstorbener Parteifreund Jürgen Möllemann nannte ihn einmal geringschätzig »Bambi«. Lindner war damals 21 Jahre alt, gerade zum Landtagsabgeordneten gewählt worden und wollte wissenschaftspolitischer Sprecher werden. »Er rief mich morgens um 6.30 Uhr an«, erinnert sich Lindner, »und sagte: ›Ja, Mensch, Bambi, das ist ja ganz niedlich, dass Sie das werden wollen. Aber

als jüngster Abgeordneter stehen Sie doch den Kindergärten am nächsten. Machen Sie doch Kindergartenpolitik.‹«

Lindner hatte immer gehofft, die Anekdote ein für alle Mal hinter sich zu lassen, aber er musste feststellen, dass das Bild haften geblieben ist, auch über den Wahltag hinaus. Es werde bis heute in so gut wie jedem größeren Porträt über ihn erwähnt. Kindergartenpolitik. Während die meisten Menschen damit zu kämpfen haben, dass ihre Karriere sie schneller altern lässt, altert Lindner seiner Karriere nicht schnell genug hinterher.

Im Februar 2015 hatte er im Düsseldorfer Landtag einen viel beachteten Auftritt, als er auf den hämischen Zwischenruf eines SPD-Politikers, Lindner habe »Erfahrung mit der Gründerkultur«, über

Männertraum

sein Scheitern redete. Der Zwischenruf war eine Anspielung auf den Softwareentwickler Moomax, den Lindner mitgegründet hatte und der 2001 Konkurs anmelden musste. Sein Auftritt, hieß es damals, sei so echt, so ehrlich, so spontan gewesen wie kein anderer Lindners zuvor; auf YouTube wurde er mehrere hunderttausendmal geklickt. Eine Zeitung schrieb sogar, Lindner habe sich damit zum »Schutzheiligen der Gescheiterten« gemacht. Seine Klage darüber, dass man in Deutschland nicht scheitern dürfe, weil man keine zweite Chance bekomme, schien von Herzen zu kommen.

Er hatte zu diesem Zeitpunkt zwar nur noch eine Beteiligung von acht Prozent, war auch schon längst nordrhein-westfälischer Landtagsabgeordneter und damit finanziell abgesichert. Dennoch schaffte er es, einmal nicht den Eindruck zu erwecken, alles im Griff zu haben, nicht alles erklären zu können. Und kam damit an.

Wenn man ihn nach den großen Krisen seines Lebens fragt, nennt er neben der Möllemann-Affäre seiner Partei seinen Rücktritt 2011 als Generalsekretär, bei dem, wie er es nennt, nicht klar gewesen sei, ob das für ihn »Edeka« bedeutet hätte, »Ende der Karriere«. Aber er nennt auch die Zeit, als er seinen Zivildienst absolvierte, sich gleichzeitig als Unternehmer selbstständig machte und seinen ersten Porsche finanzierte. Der kostete mehr, als er sich leisten konnte, und so, wie er sich erinnert, arbeitete er sich für diesen Porsche damals beinahe zu Tode. »Ich habe nachts gearbeitet und war so müde, dass ich fast an der Ampel eingeschlafen bin«, sagt er.

Alles keine echten Krisen, abgestürzt ist Christian Lindner nie.

Er wurde nie gekündigt. Die Krisen bestehen bisher darin, ein Amt entweder freiwillig abgegeben oder es freiwillig nicht angenommen zu haben. Niederlagen, nach denen es so aussah, als gäbe es keine Chance auf ein Comeback, kennt er nicht. Bevor Christian Lindner in seiner politischen Karriere wirklich scheitern konnte, hat er sich immer wieder selbst aus dem Spiel genommen.

Schon 2005, als er FDP-Fraktionschef im nordrhein-westfälischen Landtag werden sollte, fürchtete er, das Amt komme für jemanden, der erst 26 Jahre alt ist, zu früh. »Das füllst du mit 26 nicht aus«, fand er damals, »nach einem halben Jahr wäre die Neugier auf einen jungen Chef verbraucht gewesen.« Auch 2011 lehnte er ab, als ihn der damalige Parteichef Guido Westerwelle gerne als seinen Nachfolger gesehen hätte. Lindner war damals 32, aber wieder fürchtete er, zu jung zu sein. In seiner Vorstellung wäre er nur wieder in die Rolle des »Bambi« gerutscht und in den Zeitungen hätten Berichte über ihn gestanden, die er sich so ausmalte: »Eine schwere Limousine fährt vor dem Kanzleramt vor, der Parteivorsitzende der FDP steigt aus – und sieht wie ein Klassensprecher aus.« Das wollte er sich ersparen.

»Ich stand mir mit meinem Perfektionismus selbst im Wege. Das blieb auch so, als ich Generalsekretär der Bundespartei wurde, ich konnte Arbeit nur schwer abgeben.«

Auf der A59 beschleunigt er seinen Porsche auf 200 Stundenkilometer und wechselt auf die Überholspur.

Der Motor röhrt, die Lüftung pfeift. Er holt jetzt alles aus ihm raus.

Vor uns fährt ein Kombi; Lindner versucht, ihn einzuholen.

»Ich muss heftig schalten, damit ich beim Familienkombi dranbleiben kann«, sagt Lindner.

Bei unserem Treffen im Bundestagsrestaurant hatte er mir die Geschichte von Cem Özdemir erzählt, dem Kollegen von den Grünen, der ein Elektroauto fährt. Özdemir habe ihn damit aufgezogen, in dessen Elektroauto schneller als er in seinem Porsche zu sein. Er fand die Vorstellung lustig: wie er neben Cem Özdemir an der Ampel steht, einem Vertreter der Tempolimit-Partei, der ihm zeigen will, dass er das bessere Auto hat.

Aber dann meinte er nur: »Für Ampelspielchen sind wir ja viel zu alt.«

Er sagt, er liebe die Schwächen seines Autos, die Launen, etwa, wenn der Motor an der Ampel absäuft und nicht mehr anspringen will, der alten Einspritzanlage wegen. Er erzählt etwas von Kraftstoffleitungen, Sauerstoffblasen und Zündunterbrechung. »Es ist Leben drin in so einem Auto«, sagt Lindner, »es hat sympathische

Macken, von denen man nicht weiß, woher sie kommen.« Er habe gelernt, mit diesen kleinen Schwächen zu leben. »Das ist das Sympathische an einem alten Auto«, sagt Lindner, »es ist alles top in Schuss, ich pflege alles, aber es ist trotzdem nicht perfekt.«

Vor uns ist noch immer der Familienkombi, Lindner steht auf dem Gas, sein Porsche rattert und pfeift, aber mehr ist aus ihm nicht rauszuholen.

»Die Dame hier ist zickig«, sagt Lindner.

Wer wirklich schnell fahren wolle, müsse andere Autos fahren als er. Lamborghinis. Ferraris, die neuen, aktuellen Porsche-Modelle, aber »der hier«, sagt er, »ist so ›soft‹, vergleichsweise langsam, nicht hart, das ist 'ne Dame«.

Mit überholten Geschlechterklischees hat seine Partei durchaus zu kämpfen gehabt, wobei es Lindner gewesen ist, der als Parteivorsitzender den Altherrenwitz aus der FDP vertrieben hat. Aber es ist schwer zu sagen, was für eine Partei sie jetzt ist. Eine Partei mit nur wenigen Frauen, das ganz sicher.

Er wechselt zurück auf die rechte Spur, wo er kurz darauf von einem Audi überholt wird.

»Da haben wir keine Chance«, sagt Lindner, »Audi TDI, Turbodiesel.«

Nach einer kurzen Pause fügt er hinzu: »Aber darum geht's

nicht.« Er kann gar nicht oft genug betonen, dass er kein Raser ist. Es gehe nicht um die Geschwindigkeit, sagt er, sondern um das Gefühl, schnell zu sein. »Was ich mag, sind die Rückbeschleunigung und das Geräusch. Man hat das Gefühl, dass man richtig schnell unterwegs ist, obwohl man gar nicht so schnell ist.«

Es geht um das »Als-ob«, um die Illusion, schnell zu sein.

»Lustfahren« nennt er das.

Manchmal wirkt Christian Lindner wie ein Junge, der meint, es allen beweisen zu müssen, auch sich selbst, aber im Ernstfall dann doch nicht so genau weiß, ob er sich nicht zu weit vorgewagt hat. Er besitzt einen Sportbootführerschein, ein Funkzeugnis, eine deutsche Rennfahrerlizenz. Er hat in Mecklenburg-Vorpommern einen Jagdschein erworben und kann jetzt überall auf die Jagd gehen. Er hat alle diese Genehmigungen erworben, ohne dass er in jenem Moment genau wusste, ob er jemals zur Jagd gehen würde, ob er an Autorennen teilnehmen oder mit dem Sportboot herumfahren will. Ihm reichte zunächst nur die Erlaubnis an sich.

Als er 2015 den großen Aufbruch der FDP organisierte, prägte er einen neuen Kampfbegriff: »German Mut«. Es sollte seine Antwort auf den deutschen Pessimismus sein, die »German Angst«. »Wir haben Millionen Ideen«, ließ er für ein Werbevideo texten. »Aber wir finden in jeder Lösung das Problem. Unsere Kinder können der nächste Zuckerberg, Bosch oder Jobs sein. Aber der Lehrplan von Max Mustermann ist sicherer.« Es versprach ein Reformprogramm, mit dem alles irgendwie einfacher, digitaler und schneller werden sollte.

Aber als es ernst wurde, war Christian Lindner plötzlich Max Mustermann.

Er überholt einen anderen Porsche, ein kleines Erfolgserlebnis auf dieser Fahrt. Er freut sich, aber ist zugleich besorgt, was daraus für eine Geschichte entstehen könnte. »Hier ist übrigens, wie Sie gesehen haben, kein Tempolimit, sonst würden wir das nicht machen.«

Er blinkt, um die Ausfahrt zu nehmen. »Ich hab' null Punkte in

Flensburg«, sagt er. »Ich muss auf so was achten. Wenn Sie als Politiker sagen: Oh, ich hab drei Punkte in Flensburg, heißt es sofort, dass Sie ein Verkehrsrowdy sind. Das macht Sie angreifbar.«

Er will sich nicht angreifbar machen.

»Als Politiker hat man eine gewisse Vorbildfunktion und muss darauf achten, was man macht«, sagt Lindner. »Ich fahre deshalb nur, was erlaubt ist.«

Einkehr

Zum Abschluss will Christian Lindner noch einen seiner Lieblingsorte in Düsseldorf aufsuchen, die Classic Remise, einen zum Autozentrum umgebauten ehemaligen Lokschuppen. Man kann hier sein Auto zur Reparatur bringen, aber auch Autos kaufen, alte Liebhaberstücke. »Das Schöne ist«, sagt Lindner, »dass man da ein bisschen herumträumen kann.«

Als er 2017, im Jahr der Bundestagswahl, nach seinen Träumen gefragt wurde, sagte er: »Oh ja, Träume gibt es viele, einen Mercedes 300 SEL 6.3, einen BMW M635CSi, einen Porsche Turbo und einen Ferrari 360 Spider.«

Männerautos.

Er findet es wichtig, dass man diese Autos weiterhin auf deutschen Straßen sieht, also nicht nur die neuen Toyotas, Volvos und BMWs, die sich kaum voneinander unterscheiden würden, sondern auch diese »Klassiker des Automobilbaus«, wie er sie nennt. Er sieht darin eine Art Kulturauftrag, man müsse die »Artenvielfalt« von Autos auf deutschen Straßen bewahren, sagt er.

Als Politiker kämpft er auch für freien Flugverkehr, für uneingeschränkten Fleischkonsum, für Autobahnen ohne Tempolimit, für die Welt seiner Eltern und Großeltern, eine Welt von gestern. Wenn er die »Fridays for Future«-Demonstrationen kritisiert, sagt er, es mache ihn »fassungslos, dass Schulschwänzen von manchen Politikern heiliggesprochen wird«.

Wenn der Parteivorsitzende der Grünen, Robert Habeck, einen maßvolleren Fleischkonsum fordert, unterstellt Lindner, Habeck träume »von Deutschland als fleischlosem Land«.

Wenn Menschen gegen die Internationale Automobilausstellung in Frankfurt demonstrieren, unterstellt er ihnen, sie wollten eine »Umerziehung« der Deutschen.

Er karikiert seine politischen Gegner, so wie er immer karikiert wurde. Er unterstellt ihnen Gängelung, Umerziehung, Verbotspolitik. Aber wohin er die FDP damit führen kann, außer zurück in die Vergangenheit, ist nicht ganz klar.

Früher, sagt Christian Lindner, sei er von zu Hause zur Classic Remise gejoggt, »Laufdistanz 25 Minuten«, allein der Hinweg. Heute trainiert er lieber zu Hause auf dem Rudergerät, wie Kevin Spacey in »House of Cards«. Und fährt danach mit dem Auto hierher.

Er schlendert durch die Verkaufshalle und spricht andere Besucher an: »Was führt Sie hierher, auch die Liebe zum Automobil?«

Ein 550 Maranello erregt seine Aufmerksamkeit, ein Ferrari, dessen Baujahr er auf 2000, 2001 schätzt, sehr schön, sehr schnell, weil er über 300 km/h fährt und wie ein Brett auf der Straße liegt, »flacher Unterboden«, der, wie er erläutert, den Wagen nach unten ziehe, »der letzte handgeschaltete Frontmotor-12-Zylinder von Ferrari«. Er zieht weiter. Ein Porsche 911 Replika, Baujahr 1977, in Viper-Grün. »Ha, geil, das ist mein Auto quasi, ein G-Modell, rückgebaut zu einem sogenannten F-Modell, und zwar speziell im Renn-Trim ST«, sagt Lindner. Daneben ein »Transaxle-Porsche, ein absolutes Liebhaberstück«, wie Lindner sagt, dann »ein BMW Fünfer mit Schaltgetriebe im Roadsterkleid«, »Mercedes 300 SL Roadster, ebenfalls eine absolute Automobilikone«, die er auf 1,1 Millionen Euro schätzt, und schließlich ein VW Käfer für 24 500 Euro. »Das ist eben das Schöne am Oldtimerbusiness«, sagt Lindner, »in jeder Gehaltsklasse gibt es etwas.«

Man müsse wissen, erklärt er, dass der 911er »ein Konzept aus den Sechzigerjahren« sei und auf dem VW-Käfer beruhe. Es stamme also praktisch von einem Auto für jedermann ab. »Gleiche Grund-

idee«, sagt Lindner, »luftgekühlter Heckmotor«, auch optisch sei die »Familienähnlichkeit« der Autos erkennbar, mit den hochgestellten Kotflügeln und den runden Augen. »Es ist ein Jahrhundertkonzept. Man kann sehr viel Auto- und Kulturgeschichte an diesem Auto sehen.«

Es ist ihm daran gelegen, dass man den grundsätzlichen Unterschied zwischen seinem Porsche und, sagen wir, einem Ferrari oder Maserati versteht, die Philosophie. »Diese Autos basieren auf schierer Leistung«, sagt Lindner. »Gib ihm viele Zylinder, Hubraum, PS. Der klassische Porsche dagegen basiert auf Leichtbau, gutem Handling und angemessener Leistung.«

Es ist irgendwann alles gesagt, zumal ich fachlich mit ihm nicht

annähernd mithalten kann. Christian Lindner schlägt vor, zum Abschluss »noch ein paar Fritten« zu essen.

Von der »Bergischen Kaffeetafel« ist keine Rede mehr.

Wir setzen uns in das Restaurant der Classic Remise. Er lässt die
Karte kommen, auf der man zwischen unterschiedlichen Varianten
von Currywurst wählen kann. »Ich nehm Fritten und Currywurst,
ich kann nicht anders«, kündigt Lindner nach flüchtiger Lektüre
der Karte an. »Currywurst«, sagt Lindner, »ist wie der VW Käfer: Sie
verbindet alle Klassen.«

Als der Kellner an den Tisch tritt, um die Bestellung aufzunehmen, sagt Lindner: »Eine doppelte Currywurst.«

Der Kellner schaut ihn fragend an.

»Und die Fritten?«

Lindner überlegt einen Moment. Dann bestellt er die Fritten dazu. Muss er ja nicht alle aufessen, sagt er.

Als alle mit dem Essen fertig sind, steht er auf und geht zurück zu seinem Porsche.

Er muss jetzt noch ein paar Dinge erledigen. Er sagt, er habe anfangs ein bisschen daran gezweifelt, ob das mit unserer Porschefahrt sein musste. Aber er habe trotz allem, was sonst noch so los sei, den Ausflug nicht bereut.

Er betont sehr oft, wieviel gerade los sei bei ihm, besonders jetzt, da alle denken, er hätte nicht so viel zu tun.

»Ach«, sagt er, »ich bin versöhnt mit dem Termin.«

Ein gutes Schlusswort eigentlich. Er hätte in seinen Porsche verschwinden und losfahren können, zurück nach Hause, zurück zur Arbeit, wo auch immer er jetzt erwartet wird.

Aber Lindner denkt immer weiter, er will sichergehen, dass seine Botschaft wirklich angekommen ist, und dreht sich noch einmal um, bevor er in seinen Porsche steigt.

»Es hat den Tag doch ein wenig entschleunigt«, sagt er.

Schönes Spiel
Golf mit Gerhard Schröder

In der Politik hat er es bis nach ganz oben
zum Bundeskanzler geschafft. Auf dem
Golfplatz beginnt er wieder von vorn.

Einen Moment zögert Gerhard Schröder. Er will durch das ständige Bitten seiner Frau, einen Satz auf Koreanisch zu sagen, nicht in die Rolle des Kleinkinds gedrängt werden. Sag mal Mama, sag mal Papa, sag mal dies, sag mal das. So kommt ihm das vor.

Dann macht er es doch.

»Yogiyo«, sagt Gerhard Schröder.

»Das heißt: Herr Ober, hierher, bitte«, übersetzt seine Frau.

Es ist ein Montagmittag, halb zwei, Gerhard Schröder und seine koreanische Frau Soyeon Schröder-Kim sitzen nebeneinander im Chois, einem einfachen koreanischen Lokal mit traditioneller Küche in Hannovers Fußgängerzone.

Sie haben eben eine Partie Golf auf der Meisterschaftsanlage Rethmar gespielt, außerhalb von Hannover, neun Loch bei heftigem Wind, nun wollen sie, wie seit einiger Zeit üblich, ihre koreanische Fischsuppe essen. Der Restaurantbesuch gehört zu Schröders neuer Routine, zu seinem neuen Leben als Golfer: Er ist die Belohnung nach dem Spiel.

Schröder nimmt einen Schluck aus dem Glas Weizenbier, das er beim Reingehen bestellt hat; dann will er die Sache mit dem koreanischen Satz genauer erklären.

»Wissen Sie, wie ich mir den Satz merken kann?«

Er macht eine Pause, offenbar um zu testen, ob man von allein

darauf kommt. Wie kann man sich wohl merken, wie man einen Kellner auf Koreanisch ruft?

»Na, kommen Sie«, sagt Gerhard Schröder, »ist doch klar: Yogiyo. Jogi Löw.«

Er zeigt es wieder einmal allen. Er ist jetzt 76, aber keineswegs bequemer geworden. Er hat ein neues Leben begonnen: hat eine neue Ehefrau, spricht eine neue Sprache und ist dabei, einen neuen Sport zu erlernen. Gerhard Schröder kann inzwischen jeder Lebensphase eine Sportart zuordnen: Als Vorsitzender der Jungsozialisten spielte er Fußball. Als Bundeskanzler Tennis. Als Altkanzler spielt er Golf.

Sieben Jahre lang war er Bundeskanzler, der letzte der SPD. Seither lebt er das Leben eines Ex-Kanzlers. Es könnte ein Leben von großer Wichtigkeit und Bedeutung sein. Willy Brandt, Helmut Schmidt und Helmut Kohl haben solche Kanzler-a.-D.-Leben geführt.

Gerhard Schröder spielt Golf.

Er hat sich einen Trainer genommen, fünf Tage lang, und hat es in dieser Zeit bis zur Platzreife geschafft, was erst mal nur bedeutet, dass er sich auf einem Golfplatz bewegen kann, ohne darauf größere Schäden zu hinterlassen. Seine Frau, die schon sieben Jahre lang Golf spielt, sagt aber, für sein Alter habe er das Spiel erstaunlich schnell gelernt.

Schröder ist nun zwei- bis dreimal die Woche auf dem Golfplatz, mal mit seiner Frau, mal mit »Kumpels«, einem Zahnarzt, zwei Tierärzten, ausnahmsweise auch mal mit dem südkoreanischen Generalkonsul.

Wenn er davon erzählt, erweckt er den Eindruck, als fühle er sich in dieser Gesellschaft ganz wohl. Die Ärzte, der Konsul und der Herr Bundeskanzler. So war es immer in seinem Leben: Gerhard Schröder ist zwar Sozialdemokrat, aber er hat sich lieber in der Nähe von Vorstandsvorsitzenden aufgehalten als beim Deutschen Gewerkschaftsbund. Als Bundeskanzler hat er teure Anzüge getragen, teuren Rotwein getrunken und teure Zigarren geraucht, was bei seiner Partei nicht gut ankam. Kaum war er nicht mehr Kanzler, hat er einen Posten im Aufsichtsrat der heutigen Nord Stream angenommen, einem Joint Venture, das mehrheitlich dem russischen Gaskonzern Gazprom gehört. Für angeblich 250 000 Euro im Jahr, was nicht nur seine Parteifreunde empörte.

2017 kam der Posten als Vorsitzender des Aufsichtsrats im staatlich kontrollierten russischen Energiekonzern Rosneft dazu. Aber wenn man ihm vorhält, dass so etwas nicht geht, weil Russland inzwischen eine Chiffre für Manipulation und Völkerrechtsverletzung ist, sagt er: Das ist mein Leben, nicht eures. In diesem Leben ist Wladimir Putin jemand, den Gerhard Schröder seinen Freund nennen kann. Putin ist ein Synonym für Macht und

Größe, aber Schröder setzt sein gutes Verhältnis zu Putin nicht so schnell aufs Spiel, selbst wenn er damit sein politisches Erbe verbrennen sollte.

Golf, sagt Schröder, sei die Idee seiner Frau gewesen. Es sei eigentlich kein typischer Sport für ihn. Beim Golf wünschen sich die Spieler, bevor es losgeht, gegenseitig ein »Schönes Spiel«. Beim Golf, sagt Schröder, müsse man gegen sich selbst spielen, gegen sein Handicap. Und das, sagt er, sei für ihn schwer vorstellbar. Er brauche Gegner, sagt Schröder. Sich selbst als Gegner zu sehen sei ihm fremd. Das sei etwas für Selbstzweifler, was er nicht ist. Aber seine Frau habe nach etwas Unverbrauchtem gesucht, das sie gemeinsam unternehmen konnten, etwas ohne Vergangenheit. Und was, bitte schön, könnte es für ihn Neueres geben, als einmal gegen sich selbst anzutreten? Das, sagt er, habe er dann eingesehen.

Die Frage ist natürlich, ob das überhaupt stimmt. Oder ob er nicht vielmehr schon immer am liebsten gegen sich selbst angetreten ist.

Handicap

Bevor Schröder mit seiner Frau auf die Meisterschaftsanlage Rethmar geht, empfängt er in seiner Kanzlei. Er trägt eine Freizeithose und Golfschuhe.

Seine Frau braucht an diesem Morgen etwas länger, sie ist noch in ihrer gemeinsamen Wohnung, die eine Etage über Schröders Büro liegt.

Draußen hat es zu regnen begonnen, ein Sturmtief liegt über Deutschland, und es ist zunächst fraglich, ob die Schröders überhaupt Golf spielen gehen können. Am Vorabend hatte seine Frau eine WhatsApp geschickt: »Wenn es in Strömen regnen sollte, dann gibt es eine Runde Kaffee bei uns.«

Gerhard Schröder kann es nicht leiden, wenn er warten muss, weder auf besseres Wetter noch auf seine Frau.

Er bittet, an seinem großen Konferenztisch Platz zu nehmen, und verschwindet kurz in der Küche, um die Kaffeekanne zu holen. Die Fotografin hat sich, ohne darüber nachzudenken, auf den Stuhl an der Stirnseite gesetzt, den mit der höheren Lehne, seinen Stuhl. Als Schröder zurückkehrt und seinen Stuhl besetzt sieht, grummelt er etwas, das ausreicht, um die Fotografin aufspringen zu lassen.

Er gießt Kaffee ein, dreht – ohne ersichtlichen Grund – eine Runde in seinem Büro, um sich schließlich widerwillig auf *seinen* Stuhl an der Stirnseite des Konferenztisches fallen zu lassen.

Er versucht keineswegs zu beschwichtigen, zu beschönigen, was gerade passiert ist.

»So sind sie die Frauen«, sagt er vor sich hin.

Das Gefühl, benachteiligt zu sein, hat ihn in seinem Leben stets angespornt. »Ich musste mich von Anfang an selbst darum kümmern, dass ich nicht zu kurz kam«, hat Schröder einmal gesagt. »Man wird nicht zum Egozentriker, aber man passt auf, dass etwas für einen übrig bleibt. Das beginnt schon als Kind mit dem Kampf um einen guten Brocken auf dem Teller. Ich glaube, dieser Antrieb, vom Leben etwas abkriegen zu wollen, weil man ein Defizit spürt, geht einem auch in der Politik nicht verloren.«

Er ist in einer Familie ohne Vater aufgewachsen. Seinen leiblichen Vater Gerhard Kurt Fritz Schröder hat er nie kennengelernt, er starb an der Ostfront, am 4. Oktober 1944 auf einer Anhöhe beim rumänischen Ort Pustasan, dem heutigen Ceanu Mare, ein halbes Jahr nachdem Gerhard Schröder geboren wurde. Von seinem Vater weiß er kaum mehr, als dass er zweimal wegen schweren Diebstahls zu mehreren Monaten Gefängnis verurteilt wurde und sein Geld als Gelegenheitsarbeiter verdiente – mal auf dem Feld, mal im Stall, mal auf einer Kirmes – und den erkennungsdienstlichen Unterlagen zufolge auf dem rechten Unterarm eine Tätowierung trug, »Frauenbrüste mit Blumenzweig«. Seine Mutter, Gunhild Erika Lauterbach, musste ihren Sohn allein ernähren, mit einem lächerlich kleinen Lohn, den sie als Putzfrau in den Baracken der britischen Besatzungstruppen in Lemgo verdiente.

Fußball war damals der einzige Sport, der für ihn infrage kam.

Seine Mutter hatte noch nicht einmal das Geld für die höhere Schule, für die Schröder von seinem Klassenlehrer eigentlich empfohlen worden war.

So wurde er Mittelstürmer in der Mannschaft von TuS Talle, der er noch lange treu blieb, selbst als er längst nicht mehr in Talle wohnte, eine Lehre absolvierte, die Mittlere Reife und die Hochschulreife nachholte und 1966 in Göttingen ein Jurastudium begann. Aber früh faszinierten ihn auch Sportarten, die sich nicht jeder leisten konnte. Er erinnert sich noch gut, wie er als Lehrling auf dem Weg nach Lage bei Detmold, wo er sich als Einzelhandelskaufmann ausbilden ließ, an einem Tennisplatz vorbeikam und dort schon morgens »Herren in langen, weißen Hosen« beim Spiel sah, während andere, wie er, zur Arbeit fuhren. Tennis wurde damals noch komplett in Weiß gespielt, selbst die Bälle waren ausschließlich weiß. Er wollte auch so ein Leben wie die feinen Herrschaften führen.

Später, da war er schon niedersächsischer Ministerpräsident, erklärte Schröder, warum Sport für ihn so wichtig war: »Ich bin in einem Dorf im Lippischen aufgewachsen, und da gab es eine richtige Klassentrennung zwischen denen, die zur Oberschule gingen, und den anderen, mit denen man nicht spielte. Ich gehörte natürlich zu den anderen. Das war demütigend. Ich habe es damals mit Sport kompensiert.«

Schröder stieg weiter auf, wurde Bundeskanzler, Deutschlands mächtigster Mann, er überwand Klassengrenzen, aber den Reflex von damals wurde er trotzdem nicht los.

Immer jagte er nach Statussymbolen. Nach einem Leben auf Augenhöhe. Mit 25 Jahren begann er, Kunst zu sammeln, mit Anfang vierzig trat er in einen Tennisklub ein.

»Was früher Tennis war«, sagt Schröder, »ist heute Golf.«

Spielvorgabe

Seine Frau betritt das Büro, ebenfalls in Golferkleidung, schwarze Hose, weiße Schuhe, roter Anorak. Schröder bleibt zunächst sitzen. »Ich stehe jetzt nicht auf, weil ich sie schon vorher gesehen habe«, erklärt er.

Er will keinen Zweifel daran aufkommen lassen, dass er den Knigge kennt, obwohl er ihn nicht befolgt.

Sie war mal seine Dolmetscherin, jetzt ist sie seine Frau.

2018 hat er sie geheiratet; er feierte seine Hochzeit so groß wie nie zuvor. Zwei Menschen, zwei Länder, zwei Feiern, die erste im Mai in Seoul, die zweite im Oktober in Berlin.

Die Ehe, seine fünfte, begann wie eine Roadshow.

In Deutschland lud er ins Hotel Adlon am Brandenburger Tor ein, in Sichtweite zum Kanzleramt. Es war wie eine Vermählung bei Hofe, Brautkleid in Weiß, die Hochzeitstorte, die gemeinsam angeschnitten werden musste, und für den Hochzeitstanz hatten die beiden sogar Tanzstunden genommen. Ein Sportmoderator führte durch den Abend, ein koreanischer Starpianist spielte, ein russischer Männerchor sang, Schröder zu Ehren wurde eines seiner Lieblingslieder vorgetragen, »Das Heideröslein«. Und dann natürlich »My Way«, den Song von Frank Sinatra, den seine Frau für ihn eingeübt hatte, sein Lieblingslied. Schröder zitierte in seiner Hochzeitsrede den Faust: »Greift nur hinein ins volle Menschenleben! Ein jeder lebt's, nicht vielen ist's bekannt, und wo ihr's packt, da ist's interessant.« In der *Bunten* waren das am Ende sechs farbige Seiten. Schröder war an diesem Abend eigentlich fast wieder Kanzler.

Seine Frau, Soyeon Schröder-Kim, ist in großbürgerlichen Verhältnissen in Seoul aufgewachsen; unter den Augen einer Großmutter, die das heimliche Familienoberhaupt war und Wert auf Bildung, gute Benimmregeln und den richtigen Umgang legte. Schon als Kind, sagt Schröder-Kim, habe sie *Demian* von Hermann Hesse gelesen; deutsche Literatur, vor allem aber deutsche Musik sei in ihrer Familie allgegenwärtig gewesen, Beethoven, Schubert, als Kind habe sie Klavier gespielt, später Geige, als Studentin dann klassische Gitarre in einem Ensemble. Bevor sie 1995 zum Studium nach Marburg ging und zum ersten Mal von ihrer Familie getrennt in einem Studentenwohnheim lebte, musste sie sich mit ihrem späteren ersten Ehemann verloben, einem Koreaner, auch um zu verhindern, dass sie von ihrem Studienaufenthalt mit einem ausländischen Freund zurückkehrt, der möglicherweise nicht standesgemäß gewesen wäre.

Mehr als zwanzig Jahre später hat sie dann mit Gerhard Schröder doch noch einen Deutschen geheiratet, ein Umstand, der den Künstler Markus Lüpertz zu einem Heldenepos auf Schröder inspirierte, dem Märchen eines Prinzen, der eine wundersame, fremde

Welt betritt, in die er eigentlich nicht gehört. Bei der Hochzeitsfeier in Berlin trug Lüpertz es anstelle einer Festrede vor, als Hommage auf einen Mann, den das Verbotene schon immer gereizt hat.

Das erste Weihnachten nach ihrer Hochzeit verbrachte das Paar in Südkorea, in Pyeongchang, wo einige Monate zuvor, im Februar 2018, die Olympischen Winterspiele ausgetragen worden waren, es war das erste koreanische Weihnachten in Schröders Leben. Seine Frau lief Ski, er ging unten im Ort spazieren. Er wäre auch gern Ski gefahren, aber in seinem Alter hätte er sich nicht mehr auf Skier stellen können, sagt er, zumal er den Sport nicht als Kind gelernt habe, anders als seine Frau.

Was man von Geburt an verpasst hat, lässt sich schwer aufholen.

Schönes Spiel

»Wissen Sie«, sagt Gerhard Schröder in seiner Kanzlei, »meine Frau kommt aus der Bourgeoisie.«

Bourgeoisie sei mehr als Ansehen, Bildung und Geld, erklärt Gerhard Schröder. Bourgeoisie sei ein Lebensgefühl, eine Sicherheit, die einem niemand nehmen könne, man wisse, dass einem immer etwas bleibe.

Wahrscheinlich hat sich Gerhard Schröder auch in ein Lebensgefühl eingeheiratet.

Seine Frau sagt: »Ich habe ihm gesagt, dass ich ihn nur heirate, wenn er noch dreißig Jahre lang lebt.«

Er sagt: »Dann bin ich 104. Das wird wohl nichts, aber es ist immerhin ein Ziel.«

Er wolle jetzt auch gesünder leben, sagt er, Säfte trinken, selbst kochen. In der *Bild* hat man ihn schon in Schürze beim Kochkurs gesehen.

Sie sagt: »Wir haben einen Entsafter gekauft. Es gibt jetzt jeden Morgen Saft zum Frühstück.«

Er sagt: »Ein Glas Grapefruit. Ein Glas Apfel-Karotte.«

Sie sagt: »Er will auch immer seinen Zitronensaft trinken.«

Er sagt: »Ich krieg allerdings immer ein Weizenbier nach dem Golf.«

Wenn man dem Gespräch zuhört, denkt man: Alles schon gewesen – nur in anderer Besetzung. Bei Hiltrud Schröder, seiner vorletzten Ehefrau, durfte Gerhard Schröder nicht mehr essen, was er wollte. Jetzt darf er nicht mehr trinken, was er will.

Schröder hat auch aufgehört, Zigarre zu rauchen. Zigarren waren mal von großer Wichtigkeit für ihn, sie prägten nicht nur seinen Ruf, sie begleiteten die großen Momente seines Lebens. Seine erste Cohiba rauchte er 1985 auf Kuba, wo Fidel Castro, der Máximo Líder, ihn, den ehrgeizigen jungen Bundestagsabgeordneten, empfangen hatte, als »kleinen Pimpel«, wie er sich erinnert. Mit Franz Beckenbauer hat er gemeinsam Zigarren geraucht, und Udo Jürgens schickte ihm, »als Dankeschön für zwei höchst interessante Abendessen«, 24 kubanische Fundadores. Selbstverständlich zündete er sich am 27. September 1998, als er wusste, dass er jetzt Bundeskanzler werden würde, eine Cohiba an.

Jetzt aber, sagt Schröder, seien die Zigarren einfach aus seinem Leben verschwunden. Er erinnere sich nicht, wie, warum. Ihm fiel nur irgendwann auf, dass er Nichtraucher geworden war. Er sehne sich nicht zurück, er spüre nichts, keinerlei Entzug, es sei einfach vorbei.

Mit den Zigarren war es wie mit vielem in Gerhard Schröders Leben. Auch mit der Kanzlerschaft. Auf einmal war sie vorbei. Erledigt. Als habe er etwas abgearbeitet. Was kommt als Nächstes?

Über dem Konferenztisch in seiner Kanzlei hängt ein wandfüllendes Foto, aufgenommen während der Hochzeitsfeier im Adlon. Es zeigt ihn und seine Frau mit einer Gruppe von Gästen. Der Fotograf hat das Foto über die Schulter von Schröders Frau aufgenommen, wodurch ein Teil der Gäste nicht zu sehen ist.

»Wissen Sie, wer dahinter steht?«, fragt Schröder.

Er geht einen Schritt auf das Bild zu und zeigt auf die Stelle, an der die Schulter seiner Frau ins Foto ragt. »Frank-Walter Steinmeier und seine Frau«, verrät Schröder. »Sie sind verdeckt von der Tracht meiner Frau.«

Schröder mag die Geschichte, die Ironie dieses Fotos, dass ausgerechnet der formal erste Mann im Staat anwesend, aber unsichtbar ist. Frank-Walter Steinmeier, Präsident der Bundesrepublik Deutschland.

»War natürlich keine Absicht«, sagt Schröder, »warum sollte man so was absichtlich machen?«

Als Schröder Kanzler war, war Steinmeier sein wichtigster Helfer, still, verschwiegen, unaufgeregt, eine geborene Nummer zwei. Schröder nannte Steinmeier damals »Mein Mach-mal«, was durchaus liebevoll gemeint war, aber auch klarmachte, wer der Chef im Haus war.

Heute ist »Mach-mal« Bundespräsident.

Deutschlands Nummer Eins.

Schwer zu sagen, welche Symbolik er in diesem Bild sieht. Viel-

leicht holt es die alten Verhältnisse noch mal zurück. Schröder vorn, »Mach-mal« im Windschatten.

Der Regen hat aufgehört.

Schröder steht auf.

Er simuliert einen Schwung wie auf dem Golfplatz. Das macht er inzwischen häufiger, wenn er ein Gespräch beenden und nicht mehr länger herumsitzen will.

»Ich muss heute noch was arbeiten«, sagt er dann.

Abschlag

Schröder und seine Frau haben ihre Golftaschen aus dem Klein-
bus geholt, der sie zum Klubhaus der Anlage Rethmar gefahren hat.

»Willst du noch auf die Driving Range?«, fragt ihn seine Frau.

Die Driving Range ist eine Übungswiese, auf der man Abschläge
ausprobieren kann, ohne den Ball danach weiterzuspielen.

Wie vor jedem anderen Sport wärmt man sich auch beim Golf
auf, bevor das eigentliche Spiel beginnt. Aber Aufwärmen ist unter
Schröders Würde, er übergeht die Frage seiner Frau einfach wie
einen schlechten Scherz. Er spielt sich nie ein, er verzichtet sogar auf den Probeschlag, der zur Routine jedes Golfspielers gehört,

einmal durchschwingen, ohne den Ball zu treffen, um ein Gefühl für den Schlag zu entwickeln, die Drehung der Handgelenke, das Zusammenspiel von Schulter und Hüfte. Hat Schröder alles nicht nötig.

Er ist kein Perfektionist, er macht nie mehr als unbedingt nötig, er hat das Gefühl, so schneller zum Ziel zu gelangen.

Als er vor ein paar Jahren Englisch lernte, wollte er nur so viele Vokabeln wissen, dass er problemlos über folgende drei Themen diskutieren konnte: die Wiedervereinigung, das deutsch-russische Verhältnis, die Agenda 2010. Aber danach sei selbst Tony Blair von seinem Englisch überrascht gewesen. Es hätte zwar nicht so britisch geklungen wie das von Blair. Aber mitgehalten habe er allemal, und was die Argumente angehe, habe am Ende er gewonnen.

Nun lernt er nach diesem Prinzip Koreanisch und Golf.

Vor Gerhard Schröder liegt ein Teich. Es gibt zwei Möglichkeiten, den Golfball zu schlagen, entweder am Teich vorbei, die pragmatische Variante; oder über den Teich hinweg, die elegantere Variante, ein Kunstschlag, der allerdings auch riskanter ist, weil man einen Strafschlag angerechnet bekommt, wenn der Ball im Wasser landet. »Zeig doch, dass du grandios über das Wasser kommst«, ruft ihm seine Frau zu. Sie zieht ihn gern für seine Großspurigkeit auf. Aber Schröder war noch nie der Versuchung erlegen, in Schönheit sterben zu wollen. Als Kanzler schon nicht und erst recht nicht, seit er Altkanzler ist.

Schröder entscheidet sich für die pragmatische Variante. Neben den Teich.

Seine Frau holt einen kleinen roten Zähler aus der Hosentasche, mit dem sie seine Schläge zählt. Sie spielen jedes Mal um 100 Euro. Es ginge nicht wirklich um die 100 Euro, erklärt Schröder, »sondern ums Ärgern«. Dann streiten sie sich.

Sie sagt: »Das war dein vierter Schlag.«

Er sagt: »Das war mein dritter Schlag.«

Sie sagt: »Das war dein vierter Schlag.«

Es ist noch immer ein bisschen so wie am ersten Tag, als sie sich in Korea kennenlernten, auf der Ferieninsel Jeju, wo Schröder im Mai 2015 auf dem »Jeju Forum for Peace and Prosperity« eine Rede über die Folgen der deutschen Wiedervereinigung hielt.

Der deutsche Botschafter in Seoul hatte ihn danach zum Mittagessen eingeladen, im Wintergarten des Haevichi Hotel & Resort, neben ihm saß Soyeon Kim, seine damalige Übersetzerin. Der Botschafter lobte ihn für seine Rede, seine wohlwollenden Worte über Angela Merkel, die so staatsmännisch geklungen hätten. Da lenkte Schröder mit einem Satz das Gespräch auf die südkoreanische Hauptstadt Seoul. »Seoul is 'ne grauenhafte Stadt«, sagte Schröder und drehte sich zu seiner Dolmetscherin; wohl wissend, wie groß die Wahrscheinlichkeit war, dass sie aus Seoul kam.

»Wo kommen Sie eigentlich her?«, fragte er.

Sie lächelte. »Aus Seoul.«

Schröder genießt solche Momente, die anderen Menschen peinlich wären. Es ist ein Spiel, das er im Großen wie im Kleinen beherrscht. Er kann manchmal gut einstecken, manchmal auch dünnhäutig sein, aber austeilen kann er immer – mit Lust.

Seine Frau macht, man muss das so sagen, auf dem Golfplatz die bessere Figur, was allerdings auch kein Wunder ist, weil sie sieben Jahre Vorsprung gegenüber ihm hat. Über ihr Handicap möchte sie nicht sprechen. Aber erst recht nicht über seins.

Schröder holt sein Holz 5 aus der Schlägertasche. Manchmal schlägt er lieber mit einem Holz 5 ab als mit einem Holz 1, einem sogenannten Driver. Ein Holz 1 ist schwerer zu spielen als ein Holz 5. Eigentlich müsste Schröder sagen: Ich kann noch nicht so gut Holz 1 spielen. Aber das sagt er nicht. Er sagt: »Ich komme mit dem Holz 5 besser zurecht.«

Auf dem Schild neben dem Abschlag kann man die Entfernung zum nächsten Loch ablesen, es gibt unterschiedliche Abschläge für Herren und Damen, die Herrenabschläge sind weiter vom Loch entfernt. Schröder hat 359 Meter bis zum nächsten Loch, für Leute, die nur die Platzreife haben, ein ewig weiter Weg, seine Frau nur 299 Meter.

»Da sieht man wieder, was man als Kerl für Nachteile hat«, sagt er. Er dreht sich zu seiner Frau um, die hinter ihm steht.

Das Gefühl, immer zu kurz zu kommen, lässt ihn einfach nie los.

Das 19. Loch

Nachdem sie zu Ende gespielt haben, fahren sie nach Hannover, um im Chois, ihrem Stammkoreaner, noch etwas zu Mittag zu essen. Vor ihnen steht ein Glas Wasser mit Zitronensaft, das sie jetzt bei jedem Restaurantbesuch trinken, egal, was es zu essen gibt und was sie außerdem noch zu trinken bestellen, Wasser, Wein oder, wie an diesem Mittag, Weizenbier. Zitronenwassertrinken ist ein komödiantisches Ritual ihrer Ehe geworden.

»Mein Mann nennt das den Soyeon-Champagner«, sagt Soyeon Schröder-Kim.

Schröder bestellt sich ein zweites Weizenbier, ausnahmsweise, sagt er.

Er hat sich noch nie an Regeln gehalten; er hat vielmehr Karriere damit gemacht, Regeln ständig zu brechen.

Das wichtigste innenpolitische Projekt seiner Kanzlerschaft ist seine Arbeitsmarktreform Agenda 2010, mit der er ein Land reformieren wollte, das behäbig geworden war und das damals mehr als vier Millionen Arbeitslose hatte, was viele in seiner Partei nicht hören wollten. Schröder räumte mit dem Glauben auf, die Privilegien, die sich die Deutschen in den Wirtschaftswunderjahren erarbeitet hatten, seien unantastbar. Er bekommt noch heute Applaus dafür; von Wirtschaftswissenschaftlern, von seinen politischen Gegnern, von der ganzen Welt, nur seine Partei hat mit der Reform nie Frieden geschlossen. Sie hat sich inzwischen sogar von der Hartz-IV-Reform losgesagt, dem zentralen Teil der Agendapolitik. Für ihn muss sich das angefühlt haben wie ein Tribunal seiner Kanzlerschaft, als Provokation.

Als er noch mit Hiltrud verheiratet war, seiner dritten Ehefrau, hing in seiner Küche ein Gedicht von Bertolt Brecht:

Den Haien entrann ich
Die Tiger erlegte ich
Aufgefressen wurde ich
Von den Wanzen.

Er sagt, er möge das Gedicht, aber im Zusammenhang mit dem Verhältnis zu seiner Partei habe er das noch nie gesehen.

Er liebt es zurückzusticheln, er spricht der früheren Parteivorsitzenden Andrea Nahles ökonomischen Sachverstand ab, er bemängelt indirekt die Garderobe des Juso-Vorsitzenden Kevin Kühnert, der gern Kapuzenpullis trägt, und er tut manchmal so, als wisse er nicht, wer der ehemalige Kanzlerkandidat Martin Schulz ist, der sich wie viele andere Genossen auch nicht zu seiner Agendapolitik bekannt hat. Es ist nicht ganz klar, ob er seiner Partei den Liebesentzug heimzahlen will oder ob er einfach nur weiter provoziert, weil er den ständigen Kampf liebt, in dem er sich immer wieder beweisen muss.

Wenn man Gerhard Schröder etwas wünschen würde, dann, dass er Frieden schließt mit sich und dem, was er in seinem Leben geleistet hat. Aber es sieht nicht so aus, als würde ihm das noch gelingen.

Als er nach dem Ende seiner Kanzlerschaft gefragt wurde, wie er angesprochen werden wolle, als Bundeskanzler a. D. oder Altkanzler, sagte er: »Ich sehe die Sache so: Man ist vorher Schulze, Müller oder Maier oder eben Schröder. Dann ist man Bundeskanzler. Danach ist man aber wieder Schulze, Maier oder eben Schröder. ›Herr Altbundeskanzler‹ passt vielleicht für andere, aber nicht für mich.«

Die Fotografin entschuldigt sich auf eine kurze Zigarettenpause.

Schröder sagt, er habe in seinem Leben nie Zigaretten geraucht, nicht einmal zusammen mit Helmut Schmidt.

Warum eigentlich nicht?

Bevor er etwas sagen kann, zündet sich seine Frau eine Luftzigarre an, aus der sie einen kräftigen Zug nimmt. »Zu klein«, sagt sie, »mein Mann mag es groß.«

Triple
Im Fußballstadion mit Kevin Kühnert

Als Bundesvorsitzender der Jungsozialisten
setzte er alle Kraft auf die »NoGroKo«-
Kampagne. Als Fußballfan verteilt er seine
Liebe auf drei Vereine.

»Ich verliebte mich in Fußball, wie ich mich später in Frauen verlieben sollte: unvermittelt, unbegreiflich, unkritisch, ohne einen Gedanken an den Schmerz oder den Schaden, den er mir zufügen würde.«

Nick Hornby, Fever Pitch

An einem Sonntagnachmittag im Mai 2019 sitzt Kevin Kühnert vor einem türkischen Café am Kottbusser Damm. Schräg gegenüber ist er bei einem Hoffest eingeladen, auf dem er etwas zum »Mietenwahnsinn« in Berlin sagen soll. Er hat noch eine halbe Stunde Zeit, trinkt Kaffee, isst Baklava, in Sirup eingelegtes Blätterteiggebäck, und redet über seine Rolle in der SPD und den Berliner Mietenspiegel.

Zwischendurch tippt er auf seinem Handy herum.

»Puhhhh«, sagt er plötzlich, »2 : 0. Bielefeld führt 2 : 0 gegen Sandhausen.«

In seinem Leben gibt es eigentlich nichts, was ihn mit Arminia Bielefeld verbindet, keine Familie, kein Studium, kein großer Erfolg. Er ist 1989 in Berlin geboren, in Berlin zur Schule gegangen, in Berlin in die SPD eingetreten, 2017 Bundesvorsitzender der Jusos geworden und zwei Jahre später stellvertretender SPD-Bundesvorsitzender.

Viele Menschen verlieren ihr Herz irgendwann an einen Fußballverein und bleiben Fan, oft ein Leben lang. Bei Kevin Kühnert ist
das etwas komplizierter.

Er ist treuer Anhänger von drei Vereinen: von Bayern München,
Tennis Borussia Berlin und eben auch von Arminia Bielefeld. Er
ist ein sogenannter Groundhopper, ein Sammler von Stadionbesu-
chen. Er war schon im Stadion in Daressalam in Tansania, wo er
das Derby zwischen Yanga und Simba miterlebte, bei den Hearts in
Edinburgh, wo er auf einer knarzenden Haupttribüne aus Holz saß,
aber auch schon im Heidewaldstadion in Gütersloh, wo er ein Spiel
der Frauen vom FSV Gütersloh 2009 gesehen hat. Wenn möglich
verbindet Kühnert seine Reisen mit einem Stadionbesuch.

Wie passt diese Sammelleidenschaft, der Wunsch, möglichst viele unterschiedliche Mannschaften zu erleben, zu der unbedingten Treue eines Fans zu seinem Verein?

Im November 2017 wurde Kevin Kühnert, der Beamtensohn aus Berlin, zum Bundesvorsitzenden der Jungsozialisten gewählt, des linksliberalen Nachwuchses der SPD.

Damals war er 28 Jahre alt.

Bundesweit bekannt wurde er, als er kurz danach durch Deutschland tourte, um die Sozialdemokraten davon zu überzeugen, nicht noch einmal in eine Große Koalition unter Angela Merkel einzutreten. Als die Sozialdemokraten im Januar 2018 auf ihrem Sonderparteitag im World Conference Center in Bonn darüber abstimmten, setzte sich Kevin Kühnert zwar nicht durch, aber die Niederlage konnte ihn nicht mehr stoppen. Ein RBB-Moderator nannte ihn anerkennend den »Gerhard Schröder des Jahres 2018«, und auf einem weiteren Sonderparteitag knapp zwei Jahre später ließ sich Kühnert zum stellvertretenden SPD-Bundesvorsitzenden wählen. Manche sagen, er sei die größte Nachwuchshoffnung seit Gerhard Schröder.

Kevin Kühnert ist stets wie ein Jugendlicher gekleidet, Jeans, Sneakers, Kapuzenpulli, wahlweise trägt er auch ein blaues Hemd zur Jeans. Er trinkt gern Bier, raucht am Tag eine halbe Schachtel Zigaretten und zieht öfter mal durch die Kneipen. Aber alles, was er macht, bewegt sich in einem vernünftigen Rahmen. Er ist fleißig und sprachlich penibel und führt seinen Terminkalender mit beinahe behördlicher Pedanterie; seine Reisen plant er minutengenau. Nachlässig ist er nicht einmal bei der Wahl seiner Garderobe, wenigstens bei öffentlichen Auftritten; er folgt der Regel, nicht denselben Kapuzenpulli zweimal nacheinander zu tragen.

Kevin Kühnert ist eine Mischung aus Rebellion und Beamtentum.

In vielen Dingen wirkt Kühnert angenehm unaufgeregt, jedenfalls empfindet er ganz offensichtlich keinen Zwang, angesagt wirken zu müssen. Er raucht »Pall Mall«, eine Zigarettenmarke, die vor allem billig ist, schrieb einige Zeit eine Kolumne für das *Handelsblatt* und fährt mit seinen Freunden zu »Kaisermania«-Konzerten nach Dresden, um mit Fans, die wahrscheinlich doppelt so alt sind wie er, Schlager von Roland Kaiser zu hören.

Ein paar Tage vor unserem Treffen am Kottbusser Tor gab Kevin Kühnert der *Zeit* ein Interview, in dem er über die Vergesellschaftung von BMW nachdachte. Seitdem gilt er nicht nur als Kopf der »NoGroKo«-Kampagne, sondern als Sozialist, wird auf Hoffeste eingeladen, auf denen er etwas zur Vergesellschaftung von Wohnungseigentum sagen soll, und sitzt in allen Talkshows.

Kühnert sagt, er sei keiner, der sich auf große Auseinandersetzungen freue, auf Raufereien, er habe keinen Spaß daran, erst eine Lunte zu legen, dann drauf zu warten, dass die Bombe platzt und alle sich über das Ergebnis hermachen, so wie nach seinem Interview mit der *Zeit*. Er habe nur keine Scheu, seine Kritik offen zu äußern, geradeheraus.

Vielleicht habe er als Einzelkind früh die Erfahrung gemacht, dass man Dinge direkt ansprechen müsse. Da waren keine Geschwister, mit denen er heimlich hätte Allianzen eingehen können. Wenn er etwas habe durchsetzen wollen, habe es für ihn nur den einen Weg gegeben: die Konfrontation mit den Eltern zu suchen. Und so komme es, dass er manchmal als Rebell wahrgenommen werde. Aber das sei ein »Missverständnis«, sagt er.

Um ein Rebell zu sein, findet er, müsse man wirklich einer sein wollen. Das wolle er aber nicht.

Wieder schaut er auf sein Handy. Ob Bielefeld noch immer führt? Es steht nach wie vor 2:0.

Ihm ist es wichtig, dass seine Treue zu Bielefeld und den anderen beiden Vereinen nicht so verstanden wird, dass er seine Zuneigung nach Belieben verteilt. »Das ist nicht so supermarktmäßig, dass ich mir das so zusammensuche, damit es ein schönes Menü ergibt«, sagt Kühnert. »Zu jedem Verein gibt es eine eigene Geschichte.«

Arminia Bielefeld schießt an diesem Tag noch ein Tor und gewinnt gegen Sandhausen mit 3:0. Aber da steht Kühnert schon längst auf dem Hoffest und redet über den Mietenspiegel in Berlin.

Bielefeld

Und samstags in dem Stadion,
da machen wir Furore,
Arminia, Arminia, wie schön sind deine Tore.
Aus einem Fanlied von Arminia Bielefeld

An einem Samstagvormittag im August 2019 treffen wir uns am Bielefelder Hauptbahnhof. Kevin Kühnert ist mit der Bahn angereist, verstaut sein Gepäck in einem der Schließfächer und geht zum Bahnhofskiosk, in dem er direkt auf das Kühlregal zusteuert.

»Ein Wegbier?«, fragt er.

Es ist kurz nach elf, zum Stadion, der SchücoArena, wie die Bielefelder »Alm« dem Sponsor zuliebe inzwischen heißt, braucht man 25 Minuten zu Fuß. Das Spiel beginnt erst um 13 Uhr, also in knapp zwei Stunden, Arminia Bielefeld gegen Greuther Fürth. Kühnert greift nach einer Dose Herforder Pils, das Bielefelder Heimatbier, das, wie vieles aus Ostwestfalen, gerne belächelt wird.

Herforder, sagt Kühnert, habe er erstmals in der Rat Pack Lounge in Berlin-Kreuzberg getrunken, der einzigen Kneipe in Berlin, die seines Wissens Herforder ausschenke – nicht weil es so gut schmecke, sondern aus Solidarität mit der Arminia.

Auf dem Weg zum Stadion passieren wir den Siegfriedplatz, einen zentralen Ort Bielefelds, auf dem jedes Jahr die CSD-Parade stattfindet, das lokale Regenbogen-Festival, das Kühnert ein Jahr zuvor, 2018, als Schirmherr eröffnen durfte.

»Das ist der Siggi«, sagt Kühnert. Ein großer Platz, aber in Bielefeld klingt selbst das, was groß ist, klein.

»Ich bin eher aus Mitleid Bielefeld-Fan geworden«, erzählt Kevin Kühnert.

Vor ein paar Jahren sei er zufällig auf die Ergebnisse einer Umfrage gestoßen, in der es um die Popularität von Fußballvereinen in Deutschland ging und in der die Arminia am schlechtesten abgeschnitten habe. Danach wurde Bielefeld *sein* Verein, aus Anteilnahme. Es ist eine ungewöhnliche Art, Fan zu werden, aber vielleicht passt sie ja zur SPD.

Siebenmal ist der Verein in die Bundesliga aufgestiegen, genauso viele Male wieder abgestiegen. Zu einer Tradition der Bielefelder Fans gehört es, Schmähgesänge gegen den eigenen Verein anzustimmen: »... es kann nicht jedes Arschloch ein Bielefelder sein.« Oder: »Ostwestfalen, Idioten, scheiß Arminia Bielefeld.« Sie verstehen das als eine Art Selbstironie.

Früher hatte Arminia Bielefeld einmal Herforder Pils als Trikotsponsor, dann wurde es irgendwann der nordrhein-westfälische Textil-Discounter KiK, heute ist es Schüco, der Fenster-, Türen- und Fassadenhersteller.

Es gebe viele Klischees über Bielefeld, sagt Kevin Kühnert, es sei dort provinziell, Ostwestfalen eben, eine Mittelstandsstadt.

Aber genau das ist es, was er an Bielefeld mag.

Für diese Saison hat sich Kühnert zum ersten Mal eine Dauerkarte gekauft. Er sagt, das sei wie mit der Oper, nur wenn man ein Abonnement habe, gehe man regelmäßig hin. Und gerade jetzt, da er so viele Termine für die Partei wahrnehmen müsse, sei die Gefahr groß, dass er es nicht mehr so oft ins Stadion schaffe. »Ohne Dauerkarte«, sagt Kevin Kühnert, »würde ich mir vielleicht vier, fünf Heimspiele anschauen.«

In dieser Saison hat er sich vorgenommen, alle zu sehen oder wenigstens die meisten.

Und es läuft ja nicht schlecht. An diesem Tag, Ende August 2019,

steht Bielefeld nach vier Spieltagen auf Platz zwei in der zweiten Liga, einem Aufstiegsplatz in die Bundesliga.

Vom Siegfriedplatz aus zieht er weiter zu »Peterchens Einfahrt«, einem Ausschank für Arminia-Bielefeld-Fans, den der Rentner Peter Krieg vor seiner Garage eingerichtet hat. Ein Juso aus Bielefeld stößt dazu, der Kühnert ins Stadion begleiten will.

Er besorgt erst mal eine Runde frisches Bier.

»Dank dem edlen Spender«, sagt Kühnert.

Wir stoßen auf Arminia Bielefeld an.

»Wohlsein«, sagt er.

Seine Sprache klingt oft ein wenig antiquiert.

»Ich bin gedanklich auf 'ne Niederlage eingestellt«, sagt Kühnert.

Bielefeld ist in dieser Saison noch ungeschlagen, hat in den vier Spielen zehn Tore geschossen, die meisten der Liga. Aber in Bielefeld gehört es offenbar dazu, notorisch pessimistisch zu sein. »Wenn man denkt, Bielefeld hat einen Lauf, könnte es sein, dass sie alles verspielen«, erklärt Kevin Kühnert die Psyche der Arminia-Anhänger. Aber genau das verbindet manchmal mehr als ein großer Erfolg. Er erinnert an schwere Momente, die selbst er in seinen wenigen Jahren als Fan schon erlebt hat. »Hier ist man genügsam«, sagt er. Insgeheim bleibt die Hoffnung, dass eines Tages aus dieser Genügsamkeit etwas Großes entstehen kann, wie das 6 : 0 gegen Eintracht Braunschweig am 14. Mai 2017. Damals, erinnert sich Kühnert, war Landtagswahl in Nordrhein-Westfalen, ein wichtiger Tag für die SPD. Aber die Partei war für ihn sehr weit weg. »Für uns ging es noch um den Klassenerhalt.« Gleichzeitig habe Stuttgart in Hannover gespielt, beide Vereine würden aufsteigen, solange Braunschweig in Bielefeld verlor.

»Es war ein Doppel-Benefit«, sagt Kühnert, »wir hatten uns nach unten hin Luft verschafft und gleichzeitig konnten Hannover und Stuttgart in die Bundesliga aufsteigen.«

Er stand in der Südkurve mit den anderen Arminia-Fans, feierte jedes Tor, und weil er keinen Handyempfang hatte, bekam er noch nicht einmal mit, dass die SPD dabei war, die Landtagswahlen zu verlieren. Es war bisher sein schönster Tag in der SchücoArena.

Kevin Kühnert weist gerne darauf hin, was ihn vom letzten SPD-Bundeskanzler unterscheidet: die machohafte Attitüde, die Art und Weise, wie Schröder seinen persönlichen Aufstieg zur sozialdemokratischen Musterkarriere erklärte, wie er vermeintlich seine Karriere über politische Inhalte setzte, seine Wandlung vom linken Juso-Vorsitzenden zum Kanzler der Bosse.

Als Kevin Kühnert einmal darauf angesprochen wurde, ob er in dreißig Jahren eher SPD-Parteivorsitzender oder Bundeskanzler sei, sagte er: »Auf jeden Fall nicht Bundeskanzler.« Und als er einmal in Anspielung auf einen Satz Gerhard Schröders gefragt wurde: »Können Sie darauf verzichten, irgendwann mal am Zaun des Kanzleramtes zu rütteln?«, antwortete Kühnert spitz: »Ich kann mit solchen breitbeinigen Machtgesten nichts anfangen. Da stehe ich einfach nicht drauf, echt nicht.«

Wenn man ihn fragt, was ihn mit Schröder verbindet, fallen ihm nur die Partei und der Fußball ein. Wobei er anmerkt, dass er am liebsten in der Fankurve stehe, Schröder dagegen in der VIP-Lounge von Hannover 96. Es gibt also viel, was die beiden trennt. Aber Machtmenschen sind beide, jeder auf seine Art. Der eine, Schröder, mit überbordender Kraft, der andere, Kühnert, mit zurückhaltender Ironie.

Es ist nicht mehr weit bis zum Stadion an der Melanchthonstraße, traditionell auch Alm genannt. »Die Alm«, sagt Kühnert, sei »ein megatolles Stadion, schön eng, gute Stimmung«. Und vor allem: mitten in der Stadt wie die Stadien vieler englischer Klubs oder das Estadio Mestalla des FC Valencia. Er möge das, weil man auf dem Weg zum Stadion einen Eindruck von der Stadt bekomme, anders als bei den Sportarenen, die heute außerhalb der Innenstädte gebaut würden wie die Mainzer Opel-Arena oder die Allianzarena in München. In Bielefeld etwa führe der Weg zum Gästeblock durch eine Kleingartenanlage, sagt Kühnert, was er wunderbar findet, die Kleinbürgerlichkeit, aus der Großes entstehen kann, wie einst die Karriere von Ansgar Brinkmann aus dem nahen Oldenburger Münsterland, der zwei Jahre für die Arminia spielte und wegen seiner Dribblings der »weiße Brasilianer« genannt wurde. Er war ein Rebell, warf einmal einen Blumenkübel in eine Fensterscheibe, trat das Schaufenster eines Möbelgeschäfts ein, randalierte im Bordell, trank viel und zeigte sich unterwegs gern mit freiem Oberkörper und Stirnband.

Kühnert liebt die Geschichten von Brinkmann. »Wo Brinkmann war, war Anarchie«, sagt Kühnert. Auch wegen ihm ist er heute stolz darauf, Arminia-Fan zu sein.

Wir passieren die Ticketkontrolle und stehen kurz darauf in Block 3 in der Südkurve, unten am Zaun, zusammen mit den etwas moderateren Fans, über uns, in Block 1, stehen die Ultras.

Der Stadionsprecher ruft die Vornamen der Spieler auf, die Fans brüllen die Nachnamen zurück, nur bei Fabian Klos, dem Torjäger, brüllen sie nicht nur den Namen, sondern auch: »Fußballgott«. Auch Kühnert kennt seinen Text: »Klos, Fußballgott.«

Dann singt er mit allen zusammen: »Arminia, Arminia, wir sind die besten Fans der Welt«, und das Spiel kann beginnen.

Am Ende steht es 2:2. Kühnert ist zufrieden mit dem Ergebnis.

Er nimmt den ICE zurück nach Berlin.

Im Zug schläft er ein.

München

FC Bayern, Deutscher Meister, ja so heißt er, mein Verein.
Ja so war es und so ist es und so wird es immer sein.
Aus der Vereinshymne des FC Bayern München

Mehr als ein halbes Jahr nach unserem Stadionbesuch in Bielefeld will Kühnert wieder einmal ein Spiel des FC Bayern sehen. Aber Fußballfans haben es schwer in dieser Zeit. Wegen der Corona-Pandemie finden nur noch Geisterspiele statt.

In dieser Saison, erzählt Kühnert später, sei er nur einmal in der Allianzarena gewesen und ist sich schon gar nicht mehr sicher, welches Bier da ausgeschenkt wird. Was schenken die da überhaupt aus? Erdinger? Hacker Pschorr? Paulaner? Es fällt ihm gerade nicht ein.

Dass er so lange nicht da war, habe damit zu tun, dass er einerseits eine Dauerkarte in Bielefeld hat und es andererseits nicht leicht ist, an Tickets für ein Heimspiel in München zu kommen. Außerdem gehört die Allianzarena nicht zu seinen Lieblingsstadien, weil viele Zuschauer schon vor dem Schlusspfiff ihre Sitze verlassen, um schnell bei ihrem Auto im Parkhaus zu sein. »Als Fußballästhet«, sagt Kühnert, »kann ich das nicht ertragen.« Es gibt eigentlich viele Argumente, die aus seiner Sicht gegen den FC Bayern sprechen müssten: der reichste Bundesligaverein, der sich die besten Spieler nach Belieben zusammenkauft, sich einen vereinseigenen TV-Kanal leistet und nach Katar ins Trainingslager fährt. Eigentlich müsste der Juso Kühnert am FC Bayern verzweifeln.

Vermutlich geht es ihm aber wie vielen. Mit 293 000 Mitgliedern ist Bayern München der größte Verein der Welt. Erfolg zieht irgendwie an.

Er werde häufig gefragt, warum er Bayernfan sei.

»Was willst du da erklären?«, sagt er. »Es ist, wie es ist.«

»Bayern ist für mich attraktiver Fußball«, sagt er. Aber auch: »Mein Kindheitsverein.«

Seit 1989, dem Jahr, in dem Kevin Kühnert geboren wurde, war Bayern München schon 18 Mal Deutscher Meister, der Titel in dieser Saison noch nicht mitgerechnet. Als fußballbegeisterter Junge kam Kühnert am FC Bayern, an dessen Erfolgen kaum vorbei.

»Ich muss nicht demonstrativ St.-Pauli-Fan sein, damit das Klischee eines linken Fußballfans erfüllt ist«, sagt Kühnert.

Als Bundesvorsitzender der Jusos stieß er schon die ein oder andere Debatte an, doch irgendwann ließ er es auch wieder gut damit sein. Mit seinen Positionen zur Rente, zum Mindestlohn oder zu Hartz IV liegt er zwar links vom Mainstream seiner Partei, zeigt sich aber immer auch kompromissbereit. Obwohl er der Anführer der »NoGroKo«-Kampagne war, verschwieg er nicht die Gefahren für die SPD, kopflos die Große Koalition platzen zu lassen. »Wer eine Koalition verlässt«, sagte Kühnert, kurz bevor die neue Parteispitze im Dezember 2019 gewählt wurde, »gibt einen Teil der Kontrolle aus der Hand.«

Er behält sich vor, seine Positionen auch einmal ändern zu können.

Auf seine Kritik an der früheren Juso-Vorsitzenden Andrea Nahles angesprochen und die Frage, ob man für Macht einen Preis an Idealismus zahlen müsse, sagte Kühnert in einem Interview: »Ich würde weder ihr noch Gerhard Schröder oder anderen früheren Juso-Vorsitzenden grundsätzlich vorwerfen, dass sie ihre Positionen geändert haben. Ich möchte meine politische Standfestigkeit nicht daran messen lassen, dass ich in zwanzig Jahren noch eins zu eins das Gleiche sage wie heute. Das tut niemand. Die Frage ist: Kommen die Veränderungen aus einem Lernprozess heraus – oder ist man getrieben von Taktik und Tagespolitik? Sagt man etwas nur, weil man denkt, andere wollen es hören?«

Als er den FC Bayern zum ersten Mal live in München spielen sah, war er zwölf Jahre alt. Das war im Jahr 2002, als Bayern noch im Olympiastadion spielte. »Wir haben damals Kurzurlaub am Schliersee gemacht«, erinnert sich Kühnert. »Und ich habe so lange Terror bei den Eltern gemacht, bis ich endlich im Olympiastadion war.« Er

lief an Biergärten vorbei, durchquerte den Olympiapark, mit fünf Schals um den Hals und einem Filzhut auf dem Kopf, der für ihn bayerische Folklore war. Und er erzählt von einem rot-blau-senkrecht-gestreiften Trikot, das er mit Jürgen Klinsmann verbindet, der zwei Spielzeiten lang, von 1995 bis 1997, für den FC Bayern spielte. Sein Lieblingstrikot.

»Das war das Trikot, das Klinsi anhatte, als er in die Werbetonne getreten hat«, sagt Kühnert. Es ist ein Moment, den man einem Bayern-Fan nicht erklären muss.

»Das war sehr prägend.«

Zwei Wochen danach wurde Bayern München wieder einmal Deutscher Meister.

Berlin

Heut' mit ein bisschen Glück, Stückchen vor und dann zurück
Heute soll es sein … ein Tor bei Sonnenschein!
Aus einem Fanlied von Tennis Borussia Berlin

Im Juni 2020 treffen wir uns im Café Nostalgie, seiner Stammkneipe in Berlin-Schöneberg. Er ist da früher immer mit ein paar Freunden aus seiner Handballmannschaft hingegangen, dem VFL Lichtenrade, weil es dort freitags und samstags eine Happy Hour gab, zu der alle Getränke nur einen Euro kosteten. Er spielt nicht mehr Handball, die Happy Hour gibt es nicht mehr, aber er geht immer noch gerne dort hin. Kühnert liebt alte Gewohnheiten.

Vor ihm steht der Kellner, der die Bestellung aufnehmen will.

»Ein Schulli«, sagt Kühnert.

Schulli ist der Kosename von Schultheiss Pils, Kühnerts Berliner Lieblingsbier.

Es ist nicht das Bier, das bei Tennis Borussia Berlin ausgeschenkt wird. Tennis Borussia Berlin verkauft im Mommsenstadion Berliner Pilsner, andere Marke, selbe Brauerei. Aber Berliner Pilsner sei unter den Berliner Bieren nur seine Nummer zwei. In gewisser Weise sei Berliner Pilsner nämlich austauschbar, es werde nicht nur bei TeBe, sondern auch im Stadion von Union Berlin ausgeschenkt, außerdem sei es das einzige Berliner Bier, für das in der Stadt großflächig Plakatwerbung gemacht werde. »Was im bundesweiten Kontext Beck's-Bier ist«, sagt Kühnert, »ist im Berliner Kontext Berliner Pilsner.« Schultheiss dagegen sei nicht so ein »Vermarktungsbier«. Was er an Schultheiss schätzt, ist auch das, was er an Tennis Borussia mag, das Nischendasein, die Nahbarkeit. Schultheiss, sagt Kühnert, gebe es nicht auf Großveranstaltungen, weder bei Konzerten noch im Stadion. »Schultheiss gibt es nur an drei Orten: im Supermarkt, im Späti und in der Kneipe.«

Tennis Borussia ist gerade Tabellenführer in der Oberliga Nord, der fünften Liga. Er hatte eigentlich geplant, zum Heimspiel gegen

Neustrelitz zu gehen, aber wegen der Corona-Pandemie wurden alle Spiele abgesagt, und anders als in der ersten und zweiten Liga werden noch nicht einmal Geisterspiele ausgetragen. Tennis Borussia ist also vorzeitig Meister.

Eigentlich war Tennis Borussia Berlin gar kein Verein, der zu Kühnert passte, ein bisschen wie der FC Bayern. Tennis Borussia war ein neureicher Klub aus dem gutbürgerlichen Charlottenburg, ein Klub für Bankiers, Intellektuelle und unheilvolle Sponsoren, der in den Siebzigerjahren schon für zwei Saisons Bundesliga spielte. Nach mehreren Abstürzen 1998 schaffte er es noch einmal für zwei Jahre in die zweite Liga, wo er mit dem größten Budget der Liga endgültig Opfer seines Größenwahns wurde.

Kevin Kühnert war neun Jahre alt, als er das erste Mal mit seinem Opa ins Stadion ging. Sein Vater hatte Karten geschenkt bekommen, aber selbst keine Lust gehabt, zum Spiel zu gehen.

Er stieg in »Eichkamp« aus, der S-Bahn-Station an der Berliner Messe, querte die kleine Siedlung am Messegelände, dann ein kurzes Waldstück, sah, wie die Flutlichtmasten auftauchten, die er, obwohl es nachmittags war und die Flutlichter nicht brannten, trotzdem beeindruckend fand. Tennis Borussia verlor 2 : 0 gegen Ulm, aber das Spiel, sagt Kühnert, habe ihn ohnehin nicht so sehr interessiert, vielmehr die »Mähne von Winfried Schäfer«, der damals Trainer von Tennis Borussia war, und natürlich der Schal, den er sich von seinem Opa im Fanshop erquengelt hatte.

Kurz darauf aber hatte er Tennis Borussia wieder vergessen, und der Schal verschwand im Schrank.

Jahre später traf er auf irgendeinem Weiterbildungskongress den Juso Fabian Weißbarth, der ein T-Shirt mit dem Schriftzug »TeBe or not to be« trug. Es dauerte ein Wochenende, bis Kühnert klar wurde, dass mit »TeBe« Tennis Borussia gemeint war. Er war damals 16 Jahre alt, holte den Schal, den ihm sein Opa gekauft hatte, aus dem Schrank und stand im Sommer 2006 das erste Mal wieder im Mommsenstadion, wo Tennis Borussia ein Freundschaftsspiel gegen die Nationalmannschaft von Kuba austrug. In der Fankurve hatte Tennis Borussia eine Cocktailbar aufgebaut, es gab Cuba Libre, und Kühnert hatte das Gefühl, bei einem Verein angekommen zu sein, bei dem er sich wohlfühlen kann. »TeBe-Style, nicht Hochglanz, sondern selfmade«, sagt er.

Er schaut auf sein Handy, um das Ergebnis des damaligen Freundschaftsspiels gegen Kuba zu googeln.

»Wir haben 4 : 0 gewonnen«, sagt er. »2500 Zuschauer.«

In die SPD ist Kühnert 2005 eingetreten, in jenem Jahr also, in dem Gerhard Schröder als Bundeskanzler abgewählt wurde, unter anderem wegen der umstrittenen Reformen der Agenda 2010. Aber damit, sagt Kühnert, habe sein Eintritt in die SPD nichts zu tun gehabt.

Ihm fehlt das Pathos, mit dem manche Parteifreunde ihren Eintritt in die SPD begründen: Heiko Maas etwa mit dem Wunsch, dass sich der Schrecken von Auschwitz nicht wiederholt, oder Norbert Walter-Borjans, der sich auf die Friedenspolitik von Willy Brandt beruft. Kühnert ist in die SPD eingetreten, weil er sich im Kinder- & Jugendbüro in Steglitz-Zehlendorf engagieren wollte, weil er mitreden wollte. Mehr nicht.

Tennis Borussia Berlin, sagt er, sei heute nicht mehr der Verein, den er 1999 mit seinem Opa kennengelernt habe. »Wir haben uns einen Raum geschaffen, der einmal die Woche neunzig Minuten lang so funktioniert, wie wir uns Gesellschaft vorgestellt haben«, sagt Kühnert.

Da sei es egal, dass der Verein in der fünften Liga spiele.

TeBe werde leidenschaftlich beschimpft.

Als Schwuchtelverein.

Als Judenverein.

Als Kanackenverein.

»Lila-weiße Westberliner Scheiße«, singen die gegnerischen Fans. Oder: »Lila-weiß ist schwul.« Und wie in Bielefeld würden die Fans von TeBe in die Schmähgesänge ihrer Gegner einstimmen.

Bei TeBe lernte er, dass unter Kümmerling-Fläschchen Nummern stehen, die für ein Trinkspiel gut sind: Wer das Fläschchen mit der

niedrigsten Zahl bekommt, bezahlt die nächste Runde. Kühnert reiste mit anderen Fans durch ganz Deutschland, saß im Fanbus zu den Auswärtsspielen nach Rathenow und Stendal. Eine Saison schaffte er es, 28 von 30 Ligaspielen zu sehen. Er war in Torgelow, Neustrelitz, Rostock und Greifswald, den »ganzen böhmischen Dörfern«, wie er das nennt.

Er lernte Netzwerke zu knüpfen, und irgendwann verbanden sich für ihn auch Fußball und Politik. »Mittlerweile zieht es zahlreiche Sozialdemokraten ins Mommsenstadion«, sagt Kühnert in der Kneipe, »vom Juso bis zum Staatssekretär. Die Begeisterung für TeBe ist herübergeschwappt in die linkssozialdemokratische, fußballnahe Blase.«

Er redet jetzt mit, bei TeBe ebenso wie in der SPD. Zusammen mit Lars Klingbeil, dem SPD-Generalsekretär, bewegt er in der Partei inzwischen vielleicht mehr als die beiden Parteivorsitzenden, und das, obwohl Klingbeil dem rechten Seeheimer Kreis der Partei angehört und viele von Kühnerts Positionen nicht teilt. Oder vielleicht gerade deshalb. Ein bisschen erinnert die Eintracht der beiden an die einstige Männerfreundschaft von Oskar Lafontaine und Gerhard Schröder, die ja für beide Seiten einmal von großem Nutzen war und nach einem schlichten Prinzip funktionierte: Man muss nur mit den richtigen Leuten zusammenarbeiten, alles andere ergibt sich dann schon.

Kühnert bestellt eine letzte Runde Schultheiss. Bayern München ist bereits vor Saisonende Deutscher Meister, Tennis Borussia Berlin steigt in die vierte Liga auf, und Arminia Bielefeld ist an diesem Abend schon so gut wie aufgestiegen in die Bundesliga.

Drei Vereine. Alle Sieger. Ein Triple.

Für Kühnert bleibt an diesem Abend nur die Frage, zu wem er von nun an hält, wenn Bielefeld gegen Bayern in der Bundesliga spielt. »Im Moment«, sagt er, »ist für mich die Arminia am stimmigsten. Aber das kann in fünf Jahren schon wieder ganz anders sein. Dann schwappt die Welle vielleicht wieder zurück.«

Er muss abwarten, am Ende kann er sich das sowieso nicht aussuchen.

Jägerlatein
Auf der Pirsch mit Philipp Amthor

Mit seinem schnellen Aufstieg zum
Medienstar überraschte der junge CDU-
Abgeordnete den Berliner Politikbetrieb.
Auf der Jagd erzählt er seine Version
der Geschichte.

Vor dem ersten Schuss

Im Februar 2019, ein halbes Jahr nachdem Philipp Amthor seinen Jagdschein bestanden hat, sitzt er in der Küche von Stephan Schröder, einem Mann, den er seinen »jagdlichen Mentor« nennt, und redet darüber, wie es ist, wenn man als Jäger zum ersten Mal abdrückt.

»Ja klar«, sagt Philipp Amthor, »man hat gesunden Respekt davor und ist auch aufgeregt in diesem Moment. Grundsätzlich sollte man davor Respekt, aber keine Angst haben.«

Es klingt, als hätte er das alles schon längst hinter sich. Dabei hat Amthor bis zu diesem Moment noch kein einziges Tier erlegt.

2017 wurde Philipp Amthor als jüngster Abgeordneter der Union in den Deutschen Bundestag gewählt, mit 24. Er ist noch nicht für große Gesetze verantwortlich, er hat keinen Ausschussvorsitz inne, er nimmt keinen direkten Einfluss auf die Politik der Regierung, aber mit seinen Äußerungen produzierte er schon mehr Schlagzeilen und nahm an mehr Talksendungen teil als viele Abgeordnete in ihrer gesamten Karriere. Er galt in der CDU als Entdeckung dieser Legislaturperiode, redegewandt, provokant, konservativ.

Zum ersten Mal fiel er im Deutschen Bundestag im Februar 2018

mit einer Rede auf, in der er einen Antrag der AfD zum Burkaverbot wegen juristischer Fehler auseinandernahm. »Hören Sie mir mal zu«, rief er, inzwischen 25 Jahre alt, den Abgeordneten der AfD zu, »dann können Sie nämlich noch was lernen über die Verfassung!« Auf YouTube wurde das Video seiner Rede danach mehr als eine Million Mal aufgerufen, und die *Bild*-Zeitung schrieb: »Merkels Bubi«, was für ihn ein Ritterschlag war. »Die Kanzlerin galt schließlich auch als Kohls Mädchen«, sagt er.

Will er Bundeskanzler werden? Zunächst einmal wollte er Ministerpräsident von Mecklenburg-Vorpommern werden, wo 2021 gewählt wird. Amthors nächster Schritt dahin sollte der Landesvorsitz der CDU werden. Doch dann kam die Corona-Epidemie, der

Parteitag, auf dem er gewählt werden sollte, wurde verschoben. Anfang Juni 2020 enthüllte der SPIEGEL, dass sich Amthor für Lobbyarbeit von einer Firma hat einspannen lassen, von der er Aktienoptionen bekam, und es sah so aus, als könnte Amthors Karriere früh einknicken.

Aber das alles geschah nach seiner Entscheidung, mich auf die Jagd mitzunehmen.

Als ich Philipp Amthor begleitete, lebte er im Rausch seines frühen Erfolgs, den er kurz zuvor wahrscheinlich selbst kaum für möglich gehalten hatte, genauso wenig wie den nahenden Absturz. Ich traf einen jungen Mann von fast unheimlicher Selbstsicherheit.

Früher war die Jagd selbstverständlich Teil des gesellschaftlichen und politischen Lebens. Erich Honecker ging ebenso leidenschaftlich zur Jagd wie Ernst Albrecht und Franz-Josef Strauß. Aber heute haben die Jagd, das Schießen, die Waffe in Deutschland einen zweifelhaften Ruf, mehrheitsfähig sind sie jedenfalls nicht; auch weil die Jagd häufig mit der Lust am Töten verbunden wird. »Das Verhältnis von Politik und Jagd hat sich verändert«, sagt Amthor, »Albrecht und Strauß haben das Jagen noch selbstbewusst zelebriert. Heute schlagen beim Thema Jagd alle eher die Hände über dem Kopf zusammen.«

Amthor sagt, er habe sich mit Freunden und Kollegen beraten, ob er sich beim Jagen von einem Journalisten begleiten lassen soll, und viele hätten ihn davor gewarnt.

Er hat sich trotzdem dafür entschieden; er hat sich schon immer viel zugetraut.

»Man ist verantwortungsbewusst als Jäger«, sagt Amthor in der Küche von Stephan Schröder. »Ich war mehrfach auf einer Jagd, hatte auch Anblick auf Damwild, Rotwild, auch Sauen, aber es waren immer Situationen, in denen es jagdlich oder rechtlich nicht gepasst hat.« Einmal habe ein Reh vor ihm gestanden, und er war bereit zum Schuss. »Ich habe es angesprochen und gesehen: Das ist ein Bock«, sagt Amthor. Böcke zu schießen sei in diesem Moment nicht erlaubt gewesen, und deshalb habe er selbstständ-

lich nicht abgedrückt. »Da will man nicht im wahrsten Sinne des Wortes einen Bock schießen«, sagt er.

Wenn Philipp Amthor über die Jagd redet, spricht er gern Jägerdeutsch, an dem man einen Jäger auch ohne Gewehr erkennen kann. Gelegentlich liefert er auch die Übersetzung dazu.

Er sagt: »Schweiß ist der jägersprachliche Begriff für Blut.«

Oder: »Wenn man in eine bayerische Wirtschaft geht und sagt, das schmeckt lecker, dann kann es zu Stirnrunzeln führen. In der Jägersprache ist das nämlich der Begriff für Zunge.«

Für die Jägerprüfung, die er im Sommer 2018 ablegte, hat sich Philipp Amthor mit allem beschäftigt, was man als angehender Jäger wissen muss: mit Wildbiologie, jagdlichem Brauchtum, Hun-

dewesen, Waffenkunde, Hygiene und Wildkrankheiten, wozu, wie er betont, auch gehört, zwischen einer Milz und einer Lunge unterscheiden zu können, und natürlich hat er sich auch mit der Jägersprache beschäftigt. Er habe einen Multiple-Choice-Test aus tausend möglichen Fragen bestanden sowie eine »mündlich-praktische Prüfung«. Danach gab es offenbar keine Frage mehr, auf die er keine Antwort wusste.

Amthor nimmt eine Patrone zur Hand. Er will erklären, welche unterschiedlichen Kaliber es gibt, wie deren Wirkung ist und wo genau in einer Patrone das Schießpulver steckt.

Dann geht er noch einmal den Tagesablauf durch: Sobald wir den Kaffee ausgetrunken hätten, würden wir ins Revier von Stephan Schröder fahren, um dort sogenannte Revierarbeit zu leisten. Wozu so ziemlich alles außer Schießen gehört, was wiederum nicht heißen solle, dass es langweilig werde. »Es galt schon in meinen Kindheitstagen: Wenn man in den Wald geht, muss man aufmerksam sein.« Außerdem ziehe durch das Revier von Schröder der Wolf, den man zwar nicht schießen dürfe, aber umso schärfer beobachten müsse. »Es wird immer wieder gesagt: In Deutschland ist noch kein Mensch durch den Wolf gestorben«, sagt Amthor. »Aber wenn es einmal so weit kommen sollte, werden alle fragen: Was hat die Politik dagegen gemacht?«

Er ist zuständig für den Wahlkreis 016, »Mecklenburgische Seenplatte I – Vorpommern-Greifswald II«, zu dem auch Schröders Jagdrevier zählt. Der Wahlkreis nebenan ist der von Angela Merkel.

Auch das gehört zu den Dingen, die Amthor gerne erzählt.

Ohnehin rühmt er sich gern der Nähe zu Merkel, er kennt ihre Handynummer, womit er in internen CDU-Runden gelegentlich angibt, er besucht mit ihr zusammen die Bundespolizei, lädt sie zu Wahlkampfveranstaltungen ein, auch wenn er darauf bedacht ist, ihr politisch nicht allzu nahe zu kommen, ihrer Flüchtlingspolitik wegen, die in seinem Wahlkreis nicht allzu beliebt ist, und er fordert, um sich von ihr abzusetzen, einen starken Staat.

Aber ihre Macht hat ihn von Jugend an fasziniert.

Der Tageszeitung *taz* hat er einmal verraten, dass er in jüngeren Jahren in den Wahlkreis von Angela Merkel reiste, um sich von der großen Vorsitzenden einiges abzuschauen. Amthor prägte sich die Namen von Merkels Bodyguards ein, verfolgte Merkels Parteitage

im Fernsehen und studierte die Hefte der Bundeszentrale für politische Bildung. Für die Politik hat er wie für den Jagdschein gebüffelt.

Als er sich der CDU anschloss, war er 16. »Es gibt vermutlich coolere Sachen, als in der Jugend in eine Partei einzutreten oder sich politisch zu engagieren«, sagt Amthor. »Ich habe schon als Schüler Museen besucht und mich dann trotzdem gern mit meinen Freunden über Fußball unterhalten. Ich habe mich nie für jemand Besseren gehalten.«

Zunächst wollte er Jura in Hamburg studieren, dann traf er Angela Merkel Mitte November 2011 auf dem Parteitag in Leipzig und erzählte ihr von seinen Studienplänen. Merkel fand Jura gut, Hamburg nicht. »Sie sagte: Politik macht man am besten von zu Hause.«

Er änderte seine Pläne, studierte Jura in Greifswald und schloss das Studium mit dem ersten Staatsexamen ab. Er arbeitete für den Bundestagsabgeordneten Matthias Lietz, der 2017 sein Direktmandat im Wahlkreis gegen den AfD-Kandidaten zu verlieren drohte.

Amthor nutzte die Chance und zwang seinen Chef mithilfe lokaler CDU-Prominenz zum Rückzug, mit 31,2 Prozent der Stimmen zog er dann selbst in den Bundestag ein.

Es gibt eine Geschichte aus seinem Wahlkampf, die er am Küchentisch von Stephan Schröder erzählt: »Ich habe einmal den ersten Platz in einem ›Kochduell‹ in Glasow belegt, einem Dorf an der polnischen Grenze«, sagt er. »Wir sollten Steak mit Speckbohnen und Bratkartoffeln auf einem Gasherd zubereiten. Angetreten bin ich unter anderem gegen meinen SPD-Mitbewerber, der Vater von drei Kindern ist. Ich habe mir gesagt: Kannste abhaken! Wenn mir beim Kochen nur der Trostpreis blüht, muss ich wenigstens die Bundestagswahl gewinnen. Aber dann konnte ich bei den Damen des Dorfes als Schwiegermutters Liebling punkten. Sie haben mir mit Tipps zur Seite gestanden und mir gezeigt, wie man Bratkartoffeln und Speckbohnen macht: Ein bisschen Butter dazu, und so hat es am Ende mit großem Teamwork geklappt.«

Er lächelt.

Der Slogan seiner Kandidatur war damals: »Reden wir über Ihr Anliegen. Sie kochen Kaffee, ich bringe Kuchen mit.« Das kam bei den Wählern gut an. Je älter sie waren, desto besser.

Stephan Schröder hat Amthor als 16-Jährigen kennengelernt und bezeichnet sich heute als »Familienfreund«. »Der erste Schuss«, sagt Schröder, »ist aufregender, als man denkt.« Man könne auf dem Schießstand noch so viel üben, aber wenn man das erste Mal wirklich abdrücken solle, bekämen viele »ein dolles Flattern«. »Meine Mama hatte ein gutes Mittel dagegen: Hand auflegen und gut zureden. Die Methode habe ich übernommen.«

Er schaut Philipp Amthor mit einem väterlichen Blick an: »Beruhigen durch Handauflegen.«

Es ist Zeit aufzubrechen. Schröder reicht Amthor ein Gewehr, das er als Repetierbüchse bezeichnet. Amthor hat noch keine eigene Waffe, sonst allerdings so gut wie alles, was sich ein angehender Jungjäger kaufen kann: einen aktiven Gehörschutz, der ab einem gewissen Lautstärkepegel stummschaltet, einen Jagdschal, ein Jagdmesser, eine Taschenlampe, Handschuhe mit freien Fingerkuppen, einen Jagdhut, Einweghandschuhe als Schutz beim Aufbrechen der erlegten Tiere. Er hat alles in einem Jagdrucksack verpackt.

Es sei zwar »sehr, sehr unrealistisch«, dass er an diesem Tag etwas strecken, also töten werde, sagt Amthor, denn derzeit dürfe nur Schwarzwild bejagt werden, das sich tagsüber versteckt. »Wenn es aber passen würde, wäre ich auch bereit, einen Schuss anzutragen.«

In der CDU ist Amthor eine der wenigen konservativen Stimmen. Er ist für mehr Polizeipräsenz, gegen die Legalisierung von Cannabis, gegen Gender-Mainstreaming, gegen die gleichgeschlechtliche Ehe. Der Islam gehört, wie er findet, nicht zu Deutschland. Er pflegt sein konservatives Image, wozu jetzt auch der Jagdschein gehört.

Auf die Frage, warum er Jäger geworden ist, sagt Amthor: »Aus dem ländlichen Raum kommend, fand ich es gerade faszinierend, mehr über die Jagd und die Umwelt zu erfahren. Sie hat in mir eine Leidenschaft geweckt.«

Wir steigen in Schröders Geländewagen und fahren ins Revier, zunächst zu einer Lichtung, auf der Amthor einen Eimer Mais verstreuen darf, um Wild anzulocken. Kirren nennt man das im Jägerjargon, eine erste, einfache Übung. »Na, siehste«, sagt Amthor, »da lernt der Jungjäger was.«

Er spielt gern mit dem Begriff, vielleicht auch, weil er so wunderbar harmlos klingt und er selbst gern unterschätzt wird. »Wenn man als Jungjäger unsicher ist, ist es das Beste, damit souverän umzugehen«, sagt er.

Er lässt sich ein bisschen von Schröders Jagdhunden durch die Gegend ziehen, begutachtet schüchtern einen Wolfsbau und besteigt, als Höhepunkt unseres Ausflugs, einen von Schröder selbst gezimmerten Hochsitz, über den er sagt: »Der ist nicht aus dem Baumarktkatalog, sondern Qualitätsarbeit von zu Hause.«

Einen Moment sitzt er da oben, schaut durch sein Fernglas in den leeren Wald. Und Schröder feuert einen Schuss in den Himmel, um Amthors Gehörschutz mit aktiver Geräuschunterdrückung auszuprobieren.

Wenig später sitzen wir wieder in Schröders Geländewagen. Wir müssen uns beeilen. Amthor hat noch einen Termin.

Kurz bevor wir das Revier verlassen, kreuzt Rotwild unseren Weg. Amthor, auf dem Beifahrersitz, dreht sich um: »Anmutig, oder? Rotwild ist die Krönung des Wildes. Majestätisch!«

Der erste Schuss

Einige Monate später steht Philipp Amthor in der Lobby des Hotel Mercure in Potsdam und zeigt ein Foto auf seinem Handy. Eben ist er bei einer Diskussionsveranstaltung über Heimat und Sicherheit mit Parteikollegen aufgetreten.

Das Foto zeigt ihn mit einem toten Wildschwein am Rande eines Maisfelds. Sein erstes erlegtes Tier. Er kniet daneben, auf dem Kopf eine Flatcap, die Hand im Nacken des Wildschweins, als würde er es noch einmal kraulen.

»Diesen Tag werde ich so schnell nicht vergessen«, sagt Amthor.

Es war im August 2019. Er habe sich »für ein paar Tage sommerlicher Freizeit« nach Mecklenburg-Vorpommern zurückgezogen, um mit Freunden zur Jagd zu gehen. Unter ihnen André Fischbach, der wie Stephan Schröder einer seiner »jagdlichen Mentoren« ist.

Am Vorabend, sagt Amthor, hätten sie nichts geschossen; am nächsten Morgen seien sie um 4 Uhr aufgestanden, um es noch einmal zu versuchen. Als sie ansaßen, am Rande eines Maisfelds, war es 4.30 Uhr. Ein Maisfeld, sagt Amthor, sei für einen Jungjäger keine einfache jagdliche Situation, denn die Tiere könnten sich darin sehr gut verstecken.

Plötzlich tauchte, wie Amthor erzählt, ein »75-Kilo-Überläuferkeiler« auf, ein männliches Jungtier, das zwischen einem Jahr und zwei Jahren alt ist. Amthor legte an, zögerte nicht lange und streckte den Überläuferkeiler mit einem »sauberen Schuss«.

Danach musste er los, nach Pasewalk, wo er die »Bundespolizei im Einsatz« besuchen wollte, bekam im Auto auf dem Weg nach Pasewalk einen Anruf vom ARD-Hauptstadtstudio, das einen O-Ton von ihm für die »Tagesschau« zum Thema »Familiennachzug« benötigte. Er freute sich, derart gefragt zu sein, sagte zu und schoss am Abend desselben Tages noch einen Rehbock.

»Der Rehbock verhoffte und fiel mit einem exakten Blattschuss um«, sagt Amthor in der Lobby des Hotels. Er lächelt. Zwei Schüsse, der eine »sauber«, der andere »exakt«, dazwischen der Auftritt bei der Bundespolizei und das Interview für das Erste Deutsche Fernsehen, was für ein Tag! »Und zum Abendessen«, sagt Amthor, »konnte ich noch meinen O-Ton in der ›Tagesschau‹ sehen.«

Nach dem ersten Schuss

Neun Monate nach dem Gespräch in Potsdam treffen wir uns in der Hellberge, einem Naturschutzgebiet nahe der Ortschaft Wendfeld, nicht weit von dem Revier entfernt, in dem er 2019 sein erstes Wildschwein erlegte, um noch einmal zusammen auf die Jagd zu gehen.

Vor ein paar Tagen hatte er einen Unfall mit seinem BMW, weshalb er mit einem Mietwagen mit Münchner Kennzeichen unterwegs ist. »Sonst fahre ich natürlich heimatverbunden mit einem Kennzeichen aus Mecklenburg-Vorpommern«, sagt Amthor. »Sie wissen doch, dass ich Lokalpatriot bin.«

Es ginge ihm gut, sehr gut sogar, der Unfall habe ihm nichts anhaben können. Das ist ihm wichtig zu betonen.

»Durch fremde Unachtsamkeit bin ich derzeit ohne eigenes Kfz«, sagt Philipp Amthor. »Sie sehen mich heute aber strahlend und bei bester Laune.«

Neben ihm steht sein Mentor André Fischbach, ein hochgewachsener, stiller Mann. »Er kennt das Revier wie seine Westentasche«, sagt Amthor. Die Sonne scheint, nicht zu heiß, nicht zu kalt, kein Regen in Sicht, nur ein paar hübsche Wolken. Amthor sagt: »Mecklenburg von der besten Seite.«

Er mokiert sich darüber, dass Witze über sein Alter gemacht werden. Als er im September 2019 Gast in der Satiresendung »Chez Krömer« war, begrüßte ihn Moderator Kurt Krömer mit dem Satz: »Sag mal, Philipp, zeitlich gesehen, ganz schön spät, wa? ›Sandmann‹ ist ja schon durch.« Worauf Amthor nur sagte: »Ich hab vorher gewettet, ob jetzt der erste Joke schon ein Altersjoke ist. Aber well done, geschafft.« Es klang ein bisschen genervt. Aber letztlich ist

es diese Karikatur, die ihn bekannt gemacht hat.

Er öffnet den Kofferraum. Er hat jetzt ein eigenes Gewehr, eine Blaser R8 Professionell Success, mit Lochschaft und Ledereinsatz. Er holt es aus dem Futteral, das er mit einem Zahlenschloss gesichert hat, nimmt die Professional Success in die Hand und sagt, er hätte auch einen Holzschaft wählen können, fand aber den Lochschaft mit Ledereinsatz schöner. »Das ist optisch eher eine jugendlichere Variante«, sagt Amthor. »Ich finde, das steht der Waffe gut zu Gesicht.« Er hat sich lange mit der Frage beschäftigt, welches Gewehr zu ihm passen würde. Klar war, dass es ein deutsches Premiumprodukt sein muss.

Er ist in kleinen Verhältnissen aufgewachsen, der Vater war Soldat und verließ die Familie früh, die Mutter kam als Coach von Callcenter-Mitarbeitern für das Familieneinkommen auf. Der kleine Philipp verbrachte viel Zeit bei seinen Großeltern, über seinen Vater redet er öffentlich nicht. Mit 17 machte er den Führerschein, mit 18 kaufte er sich sein erstes Auto.

Nun also hat er seine eigene R8 mit allerhand Zubehör, einer hochwertigen Optik von Leica, einem Schalldämpfer und einer sogenannten Mündungsbremse, die den Rückschlag dämpft. »Diese R8 schießt man nicht nur zwei, drei Jahre«, sagt Amthor, »die hält eigentlich ein Leben lang. Sie ist ein wirklicher Allrounder, den man für alle Jagdsituationen verwenden kann.«

Nach einem kurzen Spaziergang durch das Revier klettern wir auf einen Hochsitz, der einen wunderbaren Blick über die Land-

schaft bietet, ein Rapsfeld, eine kleine
Senke mit einer Wasserstelle. Es ist früher Nachmittag, und es ist wieder einmal unwahrscheinlich, dass Amthor
hier etwas schießen wird. Wild zeigt
sich meist in der Dämmerung, aber da,
sagt Philipp Amthor, sei er leider zu
einem Grillfest eingeladen.

Wir sitzen an und schauen eine Weile
in die Landschaft, irgendwann zieht er
eine Patrone hervor, eine .300 Winchester Magnum. ».300 Win Mag«, sagt er.
Die .300 Winchester Magnum ist eher
ein großes Kaliber für den deutschen
Wald; man kann damit auch Braun-
bären töten. In Internetforen wird die
Frage diskutiert, ob die .300 Winchester
Magnum für manche Tiere nicht zu stark
sei, für ein Reh oder einen Hirsch, weil
nicht mehr viel Fleisch übrig bleibt,
wenn man mit diesem Kaliber trifft.

Aber Philipp Amthor hat es gern et-
was größer, er liebt die Provokation. Es ist ein wichtiger Teil seines
Erfolgs, dass sich die Leute über ihn aufregen können. Sein Mentor
André Fischbach ergänzt: »Philipp hat Reserven nach oben aufgebaut.«

»Natürlich ist .300 Winchester Magnum jagdlich ein relativ großes Kaliber«, sagt Amthor. »Aber ich sage das mal pointiert: Wenn
Sie nicht schießen können, schießen Sie mit einem kleinen Kaliber
genauso vorbei wie mit einem großen Kaliber.«

Wir kommen auf den 3. Februar 2019 zu sprechen, als Philipp
Amthor Gast in der Talksendung von Anne Will war, ein Auftritt,
den führende CDU-Politiker gern verhindert hätten. Es ging um
das Werbeverbot für Schwangerschaftsabbrüche, ein Thema, bei

dem Amthor als Diskutant ungeeignet schien, der einzige Mann unter Frauen, alleinstehend, kinderlos. Aber Amthor ließ sich davon nicht beirren. Seine Rolle habe zwischen dem erklärten Bösewicht und dem Experten geschwankt, erinnert sich Amthor auf dem Hochsitz, die Heldenrolle sei jedenfalls schon anderweitig vergeben gewesen. »Mir war also klar, dass ich da nicht als Gewinner rausgehe, sondern im Zweifel mit einem Shitstorm.«

Er geht seinen Auftritt noch einmal durch, erwähnt seine, wie er selbst findet, nicht ganz ungeschickte Eröffnungsbemerkung, mit der er der unterschwelligen Kritik seiner Gegner von Anfang an entgegentreten wollte: »Das ist heute eine auch nicht einfache Situation für mich hier als junger Bundestagsabgeordneter, der auch noch männlich ist und noch keine Kinder hat, in dieser Runde zu sitzen«, sagte er damals. Und: »Wir haben als Männer natürlich auch unseren Anteil an der Schwangerschaft.« Er amüsiert sich auf dem Hochsitz über sich selbst. Er gefällt sich trotz aller Komik oder vielleicht gerade deshalb.

»Mit Hashtag Amthor kann man sich bei Twitter mal so richtig aufregen«, sagt Amthor. Er wolle sich zwar keinesfalls mit Franz Josef Strauß oder Herbert Wehner vergleichen. Aber: »Franz Josef Strauß und Herbert Wehner hätten auf Twitter jeden Tag einen Shitstorm gehabt.«

Ihm fällt noch eine Episode aus dem Bundestagswahlkampf 2017 ein. Er wurde damals von einem gleichaltrigen Reporter des ARD-»Morgenmagazins« begleitet, der sich daran störte, dass Amthor in seinem Alter schon ein Jackett trug. »Meine Replik war«, sagt Amthor: »›Ich hab ja auch nichts gegen Ihre Jacke.‹«

Einen Moment lässt er die Geschichte wirken, dann fügt er hinzu: »Schlagfertigkeit ist schon eine Tugend, die man in der Politik braucht.«

In der Nähe der Senke hat er Kraniche entdeckt, schöne Tiere, wie er findet, aber er darf sie nicht schießen. Es raschelt im Raps, Amthor schaut durch sein Fernglas, aber da ist nur Raps. Irgendwann blickt er auf die Uhr und erinnert daran, dass er gleich noch einen Termin hat: »Ich gehe heute noch zum Grillen zu meinem Landrat, alles mit Abstand versteht sich.«

Es gelten nach wie vor die Regeln der Corona-Pandemie; bei Amthor ist immer alles korrekt. Wir baumen ab, wie es in der Jägersprache heißt, und gehen zurück zum Auto. Amthor drückt sein Bedauern darüber aus, dass es »kein jagdbares Wild« zu sehen gab: »Immerhin hatten wir die jagdliche Stimmung«, sagt er, was »besser als ein bloßer Schnack in Berlin« gewesen sei.

Er muss sich nun aber wirklich beeilen. »Redet mir weiter gut über Mecklenburg-Vorpommern«, ruft er dem Fotografen und mir noch zum Abschied zu, steigt in seinen Mietwagen und fährt los.

Zwei Wochen später erfahre ich durch einen Zufall, dass Amthor an dem Abend, an dem er sich wegen der Einladung beim Landrat entschuldigte, noch einen Rehbock geschossen hat.

Damenwahl
Tanzen mit Katrin Göring-Eckardt

Seit mehr als zwei Jahrzehnten mischt die
Vorsitzende der Bundestagsfraktion von
Bündnis 90 / Die Grünen ganz oben mit in
der Politik, aber für die Schlagzeilen sorgen
meist andere. Beim Tanzen zeigt sie, wie
man führt, ohne dass es jemand merkt.

Katrin Göring-Eckardt hat sich Tanzen nicht ausgesucht. Ihr Vater war Tanzlehrer, ihre Mutter dessen Tanzpartnerin, gemeinsam führten sie eine Tanzschule in Gotha. Als Göring-Eckardt am 3. Mai 1966 im thüringischen Friedrichsroda geboren wurde, nannten ihre Eltern sie Katrin Dagmar nach dem westdeutschen Tanzidol Caterina Valente und nach Dagmar Frederic, deren ostdeutschem Äquivalent.

Katrin Dagmar liebte Charlie Chaplin und die Tanzfilme von Fred Astaire; die Stunden nach der Schule verbrachte sie in der Tanzschule ihrer Eltern, erledigte dort ihre Hausaufgaben und lernte »Haltung«, worunter ihr Vater vor allem gerades Sitzen verstand, und später, als sie zwölf Jahre alt war, das Durchqueren eines voll besetzten Tanzsaals auf Stöckelschuhen.

Als Tochter des Tanzlehrers war sie zwar Aufmerksamkeit gewohnt, weil Tanzlehrer damals wie Pfarrer, Schuldirektoren oder der Polizeipräsident zur lokalen Prominenz gehörten; aber sie lernte auch, dass Aufmerksamkeit das Leben nicht unbedingt einfacher macht. Wenn sie irgendwo ein Taschentuch habe fallen lassen, sagt sie, wusste ihr Vater am Abend Bescheid.

Als sie älter war, musste sie ihre Mutter gelegentlich als Vortänzerin vertreten, unter anderem auch in den sogenannten Jugendwerkhöfen, den Umerziehungsanstalten der damaligen DDR, in

denen ihr Vater gelegentlich unterrichtete. Die DDR hatte Tanz-
unterricht als Erziehungsmaßnahme verordnet, als Benimmkurs
für Schwererziehbare, und so fand sie sich öfter mit verzweifelten
jungen Männern konfrontiert, die nicht wussten, warum sie dort
eingesperrt waren, vor Aufregung schwitzten und wahrscheinlich
überhaupt nicht tanzen wollten. Einmal, im Jugendwerkhof Fried-
richswerth, sagte einer zu ihr: »Ich hab wirklich nichts Schlimmes
gemacht, ich hab nur gesagt, ich will mal im Urlaub in die Karibik.«

Er tat ihr fürchterlich leid.

Aber sie konnte nichts tun, außer mit ihm zu tanzen.

Eintanzen

»Die Dame legt ihren linken Arm auf den rechten Arm des
Herrn, ihre rechte Hand wird von seiner linken Hand umfasst –
vertrauensvoll begibt sie sich in seine Führung.«
Kurt Braunmüller, Tanzen

Ich schlage Katrin Göring-Eckardt vor, mit ihr eine Tanzstunde zu nehmen. In ihrem politischen Leben setzte sie Regeln außer Kraft, die im klassischen Paartanz bis heute gelten: Der Herr führt. Der Herr fordert die Dame auf. Der Mann schickt die Dame auf Damensoli und Damenpromenaden, der Mann bestimmt alles. Es gibt feste Tanzschritte, mit unterschiedlichen Schrittfolgen für Herren und Damen, und eine Tanzlehrersprache, die überholte Geschlechterklischees bedient.

Ich bin überrascht, wie einfach es war, sie für die Idee zu gewinnen, und schlage vor, dass wir uns dann am besten einen Tanzlehrer nehmen, dass ich zum Beispiel bei Clärchens Ballhaus anrufe und ihr ein paar Termine nenne. Und auch das ist für sie in Ordnung. Sie hat keine Einwände, keine Sonderwünsche, nichts. Und als ich sie frage, welcher Tanz ihr für die Stunde am liebsten wäre, sagt sie, es sei ihr egal, auch das könne ich mir gern aussuchen.

Wie konnte Katrin Göring-Eckardt mit dieser Gleichmut nur Chefin werden?

Nach wenigen politischen Lehrjahren, zunächst als Referentin in der thüringischen Landtagsfraktion, dann als Mitarbeiterin des Grünen-Politikers Matthias Berninger, wurde sie 1998 über die Landesliste Thüringens zum ersten Mal in den Bundestag gewählt. Seitdem war sie: Parlamentarische Geschäftsführerin der Grünen Bundestagsfraktion (1998–2002), Fraktionsvorsitzende (2002–2005), Vizepräsidentin des Bundestages (2005–2013). Danach Kirchentagspräsidentin (2011), zweimal Spitzenkandidatin im Bundestagswahlkampf (2013 und 2017) und, nach acht Jahren Pause, ist sie seit Oktober 2013 wieder Vorsitzende der Bundestagsfraktion von

Bündnis 90 / Die Grünen. Sie war zwar nie das Gesicht der Partei, aber sie war immer da.

Als ich sie einmal in ihrem Büro in der dritten Etage des Jakob-Kaiser-Hauses besuchte, noch bevor ich die Idee hatte, mit ihr tanzen zu gehen, bewunderte ich den herrschaftlichen Blick, den sie von da oben auf den Reichstag und den Tiergarten hat.

»Schöner Blick über den Tiergarten, Frau Göring-Eckardt«, sagte ich.

Eine harmlose Schmeichelei, die sie geflissentlich ignorierte.

»Ja, auf die Currywurstbude«, sagte sie.

Ich versuchte es noch einmal: »Da wissen Sie wenigstens, wer mit wem essen geht.«

»Ja, aber ich weiß auch, wer dahinter pinkeln geht«, antwortete sie.

Für ihre Partei war es immer Programm, sich über andere als die klassischen Statussymbole zu definieren. Statt Anzug und Kostüm trugen ihre Parteifreunde Turnschuhe und Jeans, statt der Aktentasche kamen sie mit einem Jutebeutel ins Parlament. Sie waren stolz auf ein kleines Büro, auf einen unspektakulären Dienstwagen oder besser noch: auf ihr Fahrrad. Katrin Göring-Eckardt benötigte keine Statussymbole.

Ich fragte sie, wie sie ohne all dies auskomme, ob man nicht Zeichen der Macht brauche, um sich Autorität zu verschaffen, ob nicht auch sie mal laut werden müsse, gegenüber Mitarbeitern, die ihr auf der Nase herumtanzten, gegenüber Konkurrenten, die ihr Ämter streitig machen wollten, kurz, wie sich bei ihr ein Machtwort anhöre. Katrin Göring-Eckardt erklärte: Sie werde in diesen Momenten nicht laut, sondern leise, ganz, ganz leise, sodass man sie kaum mehr hören könne. »Ich habe zwei Söhne«, sagte sie, »und die wissen genau: Das Schlimmste ist, wenn Mama gar nichts mehr sagt.«

Wir treffen uns kurz vor Weihnachten 2019, wieder in ihrem Büro, diesmal, um danach tanzen zu gehen. Sie sitzt an ihrem Schreibtisch, der weder besonders aufgeräumt noch besonders chaotisch aussieht, nur ein paar herumliegende Stifte, Bücher, einige Zeit-

schriften, eine Schere, ihre Lesebrille, aber keine Trophäen, keine Bilder von sich selbst, keine Urkunden wie in manchen Männerbüros, kein gerahmtes Fußballtrikot, was bei ihr ja durchaus denkbar wäre als Mitglied des FC Schalke 04. Ich frage: Warum ist sie überhaupt Mitglied von Schalke 04?

Ach, sagt sie, das sei eine eigene Geschichte.

Eigentlich habe sie gar nichts mit Schalke zu tun, sie hat weder Verwandte in Gelsenkirchen, noch ist sie ein besonderer Fußballfan, von der WM einmal abgesehen, bei der sie jedes Spiel der deutschen Mannschaft verfolgt. Aber irgendwann habe sie die Faninitiative von Schalke 04 besucht, deren Anti-Rassismus-Kampagne gelobt und danach ungefragt einen Mitgliedsantrag zugesendet bekommen, den sie unterschrieben und zurückgeschickt hat.

Seitdem ist sie eben Mitglied von Schalke 04. Es hätte wahrscheinlich auch jeder andere Verein sein können.

Sie steht auf, holt ihren Mantel aus der Garderobe und die Tasche mit ihren Tanzschuhen, ein Paar schwarze Pumps mit Kreuzriemchen, die besonders weich besohlt sind, damit sie auf dem Parkett nicht quietschen, wenn sie sich dreht; ein geräuschfreier Schuh.

Sie sagt dazu: »Superbequem.«

Standard

»Man spricht von Standardtänzen und versteht darunter die geschlossenen Tänze – hier kommen Sie sich näher. Langsamer Walzer, Wiener Walzer, Foxtrott und Tango sind geschlossene Tänze. Mit mehr oder weniger Abstand stehen Sie sich gegenüber.«

Kurt Braunmüller, Tanzen

Anton, der Tanzlehrer, empfängt uns im Spiegelsaal von Clärchens Ballhaus.

Er sagt, er würde gern Langsamen Walzer mit uns tanzen. »Das ist immer noch das Einfachste für den Anfänger«, sagt er.

Also eher ein Tanz für mich.

Katrin Göring-Eckardt ist einverstanden.

»Ich ziehe mir schon mal die Schuhe an«, sagt sie.

Es war in den Tagen davor zwischen uns über die Frage hin- und hergegangen, welchen Tanz wir zusammen tanzen sollten. Die Leiterin der Tanzschule, also Antons Chefin, hatte Bachata vorge- schlagen, einen hierzulande eher unbekannten Tanz aus der Do- minikanischen Republik, in der Hoffnung, dass dieser Tanz auch für Katrin Göring-Eckardt eine gewisse Herausforderung darstellen würde, nicht nur für mich. Ich ließ ihr das über ihre Mitarbeiterin ausrichten, aber so wie es Katrin Göring-Eckardt erzählt, kam nur an, dass ich einen Tanz mit drei »As« mit ihr tanzen wollte, woraus sie schloss, dass ich Cha-Cha-Cha gemeint haben müsse. Also ließ sie mir bestellen, es sei völlig okay, wenn wir Cha-Cha-Cha tanz- ten. Ich wunderte mich zwar darüber, dass sie jetzt offenbar die Entscheidungen treffen wollte, sagte aber nichts, bis sie klarstellte, dass alles ein Missverständnis war: »Ich dachte, das mit dem Cha- Cha-Cha wäre Ihre Idee gewesen.«

Sie will definitiv nicht als Chefin auftreten. Kein Cha-Cha-Cha also, sondern Langsamer Walzer, Antons Entscheidung.

»So, wir wiederholen mal den Grundschritt«, sagt Anton.

Er tanzt einmal die Schrittfolge vor, dann tanzen wir sie nach, jeder für sich.

Anton gibt den Takt vor.

Vor. Seit. Ran.
Rück. Seit. Ran.
Vor. Seit. Ran.

»Nicht so gehemmt«, ruft mir Anton zu.

Er will, dass ich größere, energischere Schritte mache, weil nachher, wenn ich mit Katrin Göring-Eckardt tanze, die Hemmungen noch viel größer sein werden. »Kleine Schritte produzieren genau das, was man verhindern möchte, nämlich dass man der Tanzpartnerin auf dem Fuß steht«, erklärt mir Anton. »Nur wenn man mit Schmackes nach vorn geht, kriegt man als Tanzpartnerin überhaupt mit, dass es losgeht.« Er zeigt mir noch einmal, wie man sich als Mann beim Tanzen bewegen sollte, selbstbewusst, mit vollem Körpereinsatz. »Je schmissiger ich das mache«, sagt Anton, »desto klarer ist der Dame: Ach, es geht los, ich tanz mit.«

Anton bittet uns, Tanzhaltung einzunehmen: »Jetzt hätte ich gern die rechte Hand am linken Schulterblatt, und die andere etwas höher, beide gucken nach links.«

Wir nehmen Tanzhaltung ein, ich schaue Katrin Göring-Eckardt an. Ist sie bereit?

»Bei Standardtänzen wird sich nicht angeschaut«, mahnt Anton.

Eigentlich hätte seine Erläuterung vollkommen genügt, aber er setzt noch eins drauf: »Auch wer frisch verliebt ist, no way!!!«

Katrin Göring-Eckardt lässt sich nichts anmerken. Sie kennt diesen Tanzlehrerhumor, der immer ein bisschen anzüglich ist, aber sie lässt sich davon nicht provozieren, genau genommen kommt sie damit sogar ziemlich gut klar.

Sie kennt das von ihrem Vater. Das Verhältnis zu ihm war schwierig, er war streng, jähzornig, ein echter Spießer. Er bestrafte sie, wenn sie nicht pünktlich nach Hause kam, wenn sie den Arm beim

Essen nicht hob. Bevor ihr Bruder geboren wurde, verbot er ihr, sich die Haare lang wachsen zu lassen, weil er sich eigentlich einen Jungen gewünscht hatte. Als junge Frau untersagte er ihr, in die Disco zu gehen, weil dort Bier auf der Tanzfläche getrunken wurde. In seinen Augen habe sie immer alles falsch gemacht, sagt Katrin Göring-Eckardt. Auch später noch, als sie erwachsen war. »Ich habe den falschen Mann geheiratet, einen Pfarrer und keinen Arzt, ich hatte sogar das falsche Hochzeitskleid.«

Als sie 14 Jahre alt war und gerade *Das Tagebuch der Anne Frank* gelesen hatte, fand sie auf dem Schrank eine Ausgabe von *Mein Kampf*, eingewickelt ins *Neue Deutschland*. »Für mich ist eine Welt zusammengebrochen«, sagt Göring-Eckardt. Sie habe ihren Vater darauf angesprochen, aber keine Antwort bekommen, nur die üblichen Floskeln.

Ihre Mutter riet ihr: »Lass ihn doch.« Und Göring-Eckardt sparte sich die offene Rebellion. Sie lernte mit Dingen zu leben, die sie nicht ändern konnte.

Als ich sie einmal fragte, mit welchen Männern sie am besten umgehen könne, sagte sie, am einfachsten fielen ihr »Obermachos«, wie Gerhard Schröder, mit dem sie in der Zeit der rot-grünen Koalition viel zu tun hatte, als sie Fraktionsvorsitzende und er Kanzler war.

Sie erinnert sich an ein Gespräch, in dem es um Schröders Arbeitsmarktreformen ging und Schröder seine Dauerkritikerin, die damalige stellvertretende DGB-Vorsitzende Ursula Engelen-Kefer, »Quengelen-Keifer« nannte. Sie fand den Humor furchtbar.

Aber sie machte ihm keine Szene, sie fragte Schröder statt dessen, ob er wisse, wie sie selbst zu ihrem Doppelnamen gekommen sei. Und dann erzählte sie ihm einfach ihre Geschichte, die der Kanzler sehr mochte: Wie sie ihren Mann kennenlernte, der Göring hieß, sie aber nicht wie der Nazi-Reichsmarschall heißen wollte, wie sie sich auf Göring-Eckardt als Kompromiss verständigten und sie so eine der wenigen Frauen in der DDR mit Doppelnamen wurde.

»Männer, die es mit der Galanterie manchmal übertreiben«, sagt Göring-Eckardt, seien ihr lieber als Männer, die sich kleinmachten, die herumjammerten, um Verständnis für alles Mögliche bitten würden. »Wenn jemand Wert auf Etikette legt, habe ich damit kein Problem«, sagt Göring-Eckardt. »Ich kann mir aber gut selbst den Mantel anziehen und muss mir auch nicht die Tür aufhalten lassen. Wenn das aber einer machen will, bitte schön. Ich bin bürgerlich erzogen worden und hab das bis heute in mir.«

Wenn es sein muss, kann Katrin Göring-Eckardt bürgerlicher sein, als man denkt.

Katrin Göring-Eckardt hätte auch in der CDU landen können. In der Wendezeit gehörte sie wie Angela Merkel dem Demokratischen Aufbruch an, der sich später der CDU anschloss. Während Merkel in

der CDU blieb, wechselte Göring-Eckardt zum Bündnis 90, das 1993 zusammen mit den Grünen in Bündnis 90 / Die Grünen aufging.

Anton hat seine CD-Sammlung mitgebracht.

Er wählt »Candle in the Wind« von Elton John für den Langsamen Walzer.

Wir sollen die Grundstellung einnehmen: rechte Hand, linkes Schulterblatt, Linksblick.

»Ich hab Sicherheitsschuhe an, keine Sorge«, sagt Katrin Göring-Eckardt, was natürlich völliger Unsinn ist, es gibt beim Tanzen keine Sicherheitsschuhe wie auf dem Bau.

Aber sie lacht nicht. Sie hat offenbar ernsthaft das Gefühl, dass sie mir Mut zusprechen muss.

Anton gibt das Startsignal. Im Dreivierteltakt.

Drei. Zwei. Eins.
Und los geht's.

Dann legt er los.

Vor. Seit. Ran.
Rück. Seit. Ran.

Vor. Seit. Ran.
Rück. Seit. Ran.

Antons gnadenloser Takt. Er hört gar nicht mehr auf.

Einmal war auch Jürgen Trittin mit Katrin Göring-Eckardt in Clärchens Ballhaus, bei der Geburtstagsfeier ihres jetzigen Lebenspartners Thies Gundlach. Auch da wurde Standard getanzt. »Bei den beiden ist Tanzen ein beeindruckend verbindendes Element«, sagte Trittin. »Aber für mich eine eher fremde Kultur.« Katrin habe getanzt, Thies habe getanzt, aber er, Trittin, habe es vorgezogen, am Tisch zu sitzen, ein Glas Wein zu trinken und sich zu unterhalten. Es habe zwar den Versuch gegeben, ihn aufzufordern, erinnerte er sich, allerdings nicht von ihr.

»So gut kennen wir uns«, sagte Jürgen Trittin.

Und nun stehe ich da, wo Trittin nicht stehen mochte, und kämpfe mit dem von Anton vorgegebenen Takt.

Vor. Seit. Ran.
Rück. Seit. Ran.

Und immer wieder Katrin Göring-Eckardt mit ihren Schuhen.

»Ich hab diese Schuhe an«, ruft sie mir zu, »da kann gar nichts passieren.«

Ich versuche, so gut wie möglich dem Takt hinterherzulaufen, aber ich soll ja nicht nur hinterherlaufen, ich soll angreifen, als Mann, im energischen Herrenschritt. Ich fange an zu schwitzen.

Anton zählt den Takt ein.

Elton John singt.

Und Katrin Göring-Eckardt ruft: »Die Schuhe sind dafür da, dass man auf sie treten kann.«

Wie lange dauert das noch?

Im Bundestagswahlkampf 2017 hat Katrin Göring-Eckardt einmal gesagt: »Ich mache auch gern mal was Spießiges, Backen zum Beispiel.« Wähler lud sie damals zu »Kuchen mit Katrin« ein, eine sehr bürgerliche Art, um Stimmen zu werben. Sie sagt, dass sie auch gern näht. Ihre Nähmaschine sei eines ihrer liebsten Elektrogeräte im Haus, sie komme direkt nach dem Plattenspieler. Von ihrer Großmutter Alice habe sie eine Tretnähmaschine geerbt, mit der sie sich früher selbst Kleider nähte. Unter anderem auch ihr Hochzeitskleid. Heute besitzt sie eine elektrische Nähmaschine.

Und dann liebt sie es auch, Marmelade einzukochen.

In ihrem Buch *Ich entscheide mich für Mut,* eine Mischung aus Autobiografie und Programmschrift, schreibt sie: »Manchmal stelle ich mich, wenn ich um Mitternacht nach Hause komme, in die Küche und fange an, Erdbeermarmelade zu kochen, weil ich so aufgedreht bin und nichts anderes mehr geht.«

Als die CDU-Politikerin Annegret Kramp-Karrenbauer einmal gefragt wurde, was sie an Göring-Eckardt schätzt, sagte sie: »Dass Katrin Göring-Eckardt schon Großmutter ist und dabei so jugendlich aussieht.«

Sie hat inzwischen fünf Enkel. Und sie ist gern Oma.

Grundsätzlich hat Bürgerlichkeit für sie nicht den Schrecken wie für andere ihrer Partei. Sie verbindet damit die Freiheitsrechte, die Rechte des Citoyen. »Bürgerlichkeit«, sagt sie, »war in der DDR etwas Widerständiges. Bei uns hieß es: Es gibt zwei Welten, die da draußen und die hier zu Hause.« Und zu Hause, das war das, was sie Freiheit nennt, Westfernsehen, Walzer, Cha-Cha-Cha.

Frage: »Finden Sie Tanzen spießig, Frau Göring-Eckardt?«

Antwort: »Kommt auf die Uhrzeit an.«

Manchmal, sagt sie, würde sie das einfach nur zum Spaß machen, abends, zu Hause mit Freunden, sie würde dann die Stühle beiseiteräumen und zu Songs tanzen, die sie tagsüber nie hören würde. »Abtanzen«, nennt sie das. »Es geht dabei nicht darum, irgendwelche Schrittfolgen einzuhalten«, sagt sie, »sondern einfach darum, Spaß zu haben, bei guter Musik rumzuzappeln. Es geht nicht um das, was man im Tanzkurs gelernt hat.« Sie würde das gern öfter machen, aber dazu fehlt ihr die Zeit.

Wir haben inzwischen eine Dreiviertelstunde getanzt, ich habe sogar den sogenannten außenseitlichen Wechsel gelernt, der mir erlaubt, Langsamen Walzer nicht nur geradeaus zu tanzen, sondern auch um die Ecke, im Karree, die gesamte Größe des Spiegelsaals nutzend. Es geht viel besser, als ich dachte, ich habe sogar das Gefühl, dass mir Tanzen bisher noch nie so leicht gefallen ist. Ich fühle mich richtig gut. Und sie?

Sie lächelt.

»Das Beste ist«, sagt sie, »wenn man führt, und keiner merkt etwas davon.«

Latein

»Die lateinamerikanischen Tänze werden auch als offene Tänze bezeichnet. Hier haben Sie größeren Abstand zum Partner. Temperamentvoll und keck entwickeln Sie mehr Eigenleben. Oft wird die Tanzhaltung gelöst, und Sie halten sich nur an einer Hand gefasst, während Sie einen Promenadenschritt, ein Damensolo oder eine Platzdrehung ausführen. Lateinamerikanische Tänze sind Rumba, Samba, Cha-Cha-Cha, Mambo/Salsa, Paso doble und Jive. Bei diesen Tänzen tobt man sich aus, es wird geflirtet.«
Kurt Braunmüller, Tanzen

Tanzen mit Katrin Göring-Eckardt 191

Für die verbleibende Viertelstunde schlägt Anton einen Rollentausch vor, einen Langsamen Walzer, bei dem ich den Damenschritt tanze, Katrin Göring-Eckardt den des Herrn.

Katrin Göring-Eckardt hält das für keine gute Idee.

Sie beherrscht zwar auch die Schrittfolge des Mannes. »Wenn ich mit einer Frau tanze«, sagt sie, »übernehme ich eher die Männerschritte.« Aber wenn es nicht unbedingt sein muss, bleibt Katrin Göring-Eckardt lieber bei ihrer Damenrolle.

Sie ist damit immer am besten gefahren.

Als sie 1998 in den Bundestag gewählt wurde, regierten Gerhard Schröder, Joschka Fischer und Jürgen Trittin die Republik, Machomänner, aber das schadete ihr nicht, sie schaffte es trotzdem auf Anhieb zur Parlamentarischen Geschäftsführerin. Sie kann zwar viele Geschichten erzählen, in denen sie unter Männern leiden musste, etwa als sich Schröder über ihren Vorschlag zur Rentenreform derart geärgert haben soll, dass er Joschka Fischer angerufen und verlangt haben soll, sie zu erledigen. Oder als sie vor der Bundestagswahl 2005 erklärte, die Grünen seien nicht nur als Regierungs-, sondern auch als Oppositionspartei wählbar, und Fischer sie am Telefon angebrüllt habe, sie werde bei den Grünen nur noch über seine Leiche etwas werden.

Aber je schärfer die Kritik war, je unverschämter die Attacken, desto klarer wurde ihr Profil.

Sie sagt, sie habe kein Problem damit, wenn man sie »Quotenfrau« nenne. Solle man doch.

Sie habe von der Quote profitiert, auch von der Doppelspitzenregel ihrer Partei.

Häufig hatte sie Männer an ihrer Seite, die gern mehr Aufmerksamkeit auf sich zogen als sie, Männer mit großem Ego, an denen sich die Leute wunderbar abarbeiten konnten.

2013 war es Jürgen Trittin, mit dem sie als Spitzenkandidatin in den Bundestagswahlkampf zog. Nach einem verlorenen Wahlkampf wurde sie danach trotzdem zur Vorsitzenden der Bundestagsfraktion gewählt, während Trittin einfacher Abgeordneter blieb.

2017 trat sie erneut als Spitzenkandidatin im Bundestagswahlkampf an, diesmal mit Cem Özdemir, dem damaligen Bundesvorsitzenden der Grünen, der gern Außenminister werden wollte. Nach
den gescheiterten Jamaikaverhandlungen, die sie für die Grünen
mit führte, behielt sie trotzdem ihr Amt als Vorsitzende der Bundestagsfraktion, während Cem Özdemir wieder einfacher Abgeordneter wurde.

Die Männer blieben auf der Strecke, Katrin Göring-Eckardt wurde
wiedergewählt.

Seit 2013 führt sie nun die Bundestagsfraktion zusammen mit
Anton Hofreiter, der sich nicht ganz so wichtig wie andere Männer
nimmt. Aber auch die Zusammenarbeit mit ihm funktioniert nach
demselben Prinzip, dass man sich besser über ihn als über sie aufregen kann, und sei es nur über seine langen Haare, seinen bayerischen Bariton oder seine vermeintliche Harmlosigkeit.

Als Cem Özdemir im Herbst 2019 zusammen mit Kirsten Kappert-
Gonther Göring-Eckardt und Hofreiter an der Fraktionsspitze ablösen wollte, war er chancenlos, obwohl es einigen Unmut darüber
gegeben hatte, dass die Fraktion gegenüber der neuen Parteispitze
mit Annalena Baerbock und Robert Habeck Profil verloren hatte.
Aber Göring-Eckardt ließ sich davon nicht beirren; sie definierte die
vermeintliche Schwäche in eine Stärke um. In den Notizen zu ihrer
Bewerbungsrede steht: »Manche von euch wollen noch mehr öffentliche Präsenz an der Fraktionsspitze. Sehe ich anders. Ich habe
nicht mehr die Aufgabe einer Spitzenkandidatin, die überall ins
Scheinwerferlicht muss, nein, ich habe eine neue Rolle – WIR haben eine neue Rolle. Die Fraktion ist nicht die Partei, wo wir bestens besetzt sind.«

Hofreiter wurde daraufhin mit 58,2 Prozent der Stimmen wiedergewählt, Göring-Eckardt mit 61,2 Prozent.

Anton schlägt vor, dass wir zum Abschluss noch einen Cha-Cha-
Cha tanzen.

Der Cha-Cha-Cha, ein lateinamerikanischer Tanz, gehört in
Deutschland zu den beliebtesten Tänzen. Bei Kurt Braunmüller

findet sich zum Cha-Cha-Cha folgende Anmerkung: »Der Reiz des Tanzes liegt in dem schnellen Aufdrehen der Tanzhaltung zu einer Promenade oder einer schwungvollen Platzdrehung. Und mit raffinierten Trickschritten, die beim Cha-Cha-Cha sehr vielfältig sein können, zieht man nicht nur die Zuschauer in seinen Bann.«

Anton zeigt uns die Grundstellung, bei der es diesmal darum geht, dass man sich direkt in die Augen schaut. »Wenn Sie den Blick nicht aushalten«, sagt er, »dann auf die Nase schauen.«

Selbst ihr fällt das nicht leicht. Ihr Blick schweift immer wieder ab.

Mit Emotionalität ist es bei Katrin Göring-Eckardt ohnehin so eine Sache. Sie ist nett, zuvorkommend, nie aufbrausend, ein Musterbeispiel an Gelassenheit. Kaum jemand kann sie gar nicht leiden. Aber wirkliche Freunde soll sie in der Fraktion auch nur wenige haben, schon gar nicht unter den Frauen, die glauben, dass sie ihnen nichts gönnt. Es ist ein Vorwurf, der ihre Glaubwürdigkeit untergraben soll: Ausgerechnet sie, die für die Emanzipation von Frauen in der Politik steht, geht angeblich nicht freundlich mit Frauen um.

Sie habe junge Frauen gefördert, sagt sie. Sie hat dabei aber immer auch darauf geachtet, dass ihr daraus kein Nachteil entsteht. »Die Jungen sollen sichtbar werden, sich ihren Platz nehmen. Das stoße ich gern an, laufen können sie gut alleine, dafür brauchen sie mich nicht«, sagt Göring-Eckardt. »Ich bin ja nicht Mutti.«

Katrin Göring-Eckardt war früh auf sich gestellt. Sie verlor ihre Mutter, als sie 17 Jahre alt war, an einem kalten Wintermorgen. Die Straßen in Gotha waren vereist, ihre Mutter war zum Bäcker gegangen und wollte eigentlich zurück sein, bevor ihre Tochter zur Schule musste. Irgendwann verließ sie die Wohnung mit einem schlechten Gefühl, weil ihre Mutter eigentlich absolut zuverlässig war und sich nie verspätete. Kurz darauf wurde sie vom Schulleiter aus dem Unterricht geholt und erfuhr, dass ein Lastwagen auf der vereisten Straße ins Schleudern geraten war und ihre Mutter auf dem Bürgersteig erfasst hatte.

Eine Woche lang lag ihre Mutter im Koma auf der Intensivstation, sie hielt ihre Hand. Manchmal spürte sie, wie ihre Mutter zudrückte.

Tanzen mit Katrin Göring-Eckardt

Aber die Ärzte erklärten ihr, das seien nur noch Reflexe, und am Ende der Woche sagten sie: »Wir müssen die Maschinen jetzt abstellen. Bist du einverstanden?« Sie war damals ganz allein. Ihr Vater sei mit den Nerven völlig fertig gewesen. »Er war 13 Jahre älter als meine Mutter«, sagt Göring-Eckardt, er habe in der Vorstellung gelebt, dass sie ihn einmal pflegen werde, wenn er alt sei. »Es hieß immer: ›Wenn ich mal im Rollstuhl sitze, schiebst du mich.‹«

Bei der Beerdigung, erzählt sie, habe er »Il Silenzio« spielen lassen, das Trompetensolo von Nini Rosso aus dem Jahr 1965. Aus einer privaten Beerdigung machte er eine öffentliche Zeremonie, ein bisschen zu viel Aufsehen, wie sie damals fand. Zu viel Pomp ist ihr nicht geheuer; gegen Weihrauch ist sie sogar im wahrsten Sinne des Wortes allergisch.

Wenn man sie fragt, was Frauen von Männern unterscheidet, sagt sie: »Frauen verbindet, dass sie über Männer lachen können, und ohne Männer kann es dann sehr lustig werden. Frauen haben einen feinsinnigeren Humor.«

Und sie sagt auch: »Wir müssen nicht täglich immer die Größten sein.«

Männer, so sieht sie das, hätten eine Art »Punktekonto«, und dieses Punktekonto müsse am Abend möglichst voll sein, sonst hielten sie das nicht aus. »Die Mehrzahl der Führungsmänner schaut abends auf dieses Punktekonto und fragt sich: Hab ich heute im Wesentlichen gewonnen oder im Wesentlichen verloren? Die Mehrzahl der Führungsfrauen dagegen sagt sich: Selbst wenn ich heute zu zwei Dritteln verloren habe, aber weiß, was ich am Ende erreichen will, dann reicht mir das.«

Wenn Frauen immer noch unterschätzt würden, dann ganz sicher nicht von ihr; sie nimmt Frauen ernst, ernster als viele Männer, als Verbündete, aber auch als Konkurrenz.

Ihre gefährlichste Waffe ist nicht die offene Konfrontation, sondern ihre entwaffnend freundliche Art, manche nennen das ihre »Christlichkeit«, mit der sie es schafft, dass ihre Gesprächspartner es erst gar nicht merken, in welchen Hinterhalt sie gelockt wurden.

»Meine stärkste Waffe ist das Vier-Augen-Gespräch«, sagt Göring-Eckardt.

Ende Januar 2020 ist sie zu Gast bei adidas, ein Unternehmen mit einem gesunden Selbstbewusstsein, der größte DAX-Wert in Deutschland. Sie wird durch das neue Firmengebäude geführt, ein weiß verstrebter Quader auf Stelzen, der das Zentrum der »World of Sports« ist, wie adidas seinen Campus nennt. Es gibt darin Kantinen, die nach Weltstädten benannt sind, London, New York, Paris und Tokio, und Konferenzräume mit stuhlfreien Tischen, was angeblich jede Gesprächsrunde beschleunigt.

Schließlich sitzt sie vor Harm Ohlmeyer, Finanzvorstand, um über »Nachhaltigkeitsaktivitäten der adidas AG« zu sprechen.

Sie sagt: »Wir sind noch ganz geflasht von Ihrem Gebäude.«

Ohlmeyer nimmt das Kompliment gerne an und weist sie darauf hin, dass bei adidas möglichst nirgendwo mehr Plastik benutzt werde. Er nimmt eines der Mineralwasserfläschchen in die Hand, die an jedem Platz stehen, eine Glasflasche. Er erzählt von Sterne-Hotels, in denen immer noch Plastikflaschen herumstünden, die mache er aus Prinzip schon gar nicht mehr auf.

Er schenkt sich ein und stellt die Flasche wieder auf den Tisch.

Katrin Göring-Eckardt schaut erst ihn an, dann sein iPhone.

»Und die Hülle von Ihrem iPhone?«, fragt sie.

Ohlmeyer versucht, sich nichts anmerken zu lassen, aber die kleine Spitze lockt ihn dann doch aus der Reserve. Er zeigt auf die Telefonspinne, die vor ihm auf dem Tisch liegt, er könne natürlich nicht ausschließen, dass da ein bisschen Plastik drin sei, sagt er, und was die Hülle von seinem iPhone betreffe, die komme nun mal mit dem iPhone zusammen.

Katrin Göring-Eckardt lässt ihn einfach reden. Dass ein iPhone zusammen mit der Schutzhülle kommt, kann nur jemand behaupten, der noch nie selbst ein iPhone bestellt und eingerichtet hat, aber sie spart sich den Kommentar. Sie lächelt nur und sagt: »Frauen wissen einfach zu viel.« Männer sind ihr als Gegner einfach lieber.

In Clärchens Ballhaus klappt es gut mit dem Cha-Cha-Cha, ein paar Minuten haben wir den Grundschritt getanzt, nun haben wir sogar noch Zeit für ein Damensolo, die Damendrehung, bei dem der Herr der Dame einen Schubs geben soll, damit sie weiß, wann sie sich drehen soll. Ich schubse Göring-Eckardt offenbar ein wenig zu stark, worauf mir Anton erklärt: »Mit Gefühl bitte. Wie wenn man um Mitternacht den Kühlschrank zumacht, ohne dass jemand im Haus davon aufwacht.« Göring-Eckardt lächelt, aber sie sagt nichts dazu.

Pünktlich nach sechzig Minuten beendet Anton die Tanzstunde. Göring-Eckardt zieht ihre Tanzschuhe aus.

Sie erinnert sich an den Abend, an dem ihr Lebensgefährte hier 2016 seinen Geburtstag feierte und sie für einen Abend Tanzlehrerin spielte. Es sei so lustig gewesen, wie ungeschickt sich viele ihrer Freunde angestellt hätten. Sie fragten: »Wie mach ich das mit der Gewichtsverlagerung?«

Die Vorstellung bereitet ihr noch heute Vergnügen.

Ich frage mich, wie ich mich wohl angestellt habe bei der »Gewichtsverlagerung«, aber bevor ich weiter darüber nachdenken kann, wendet sie sich an mich.

»Das haben Sie ja toll gemacht.«

Abtanzen

»*Treffen Sie sich mit Freunden und Bekannten, feiern Sie ein Fest mal anders – tanzen Sie.*«
Kurt Braunmüller, Tanzen

Nach dem Tanzen sitzen wir in ihrem Dienstwagen. »Das war eine Reise in die Vergangenheit für mich«, sagt Göring-Eckardt, allein die Tanzlehrersprüche, die ihr Vater schon vor fünfzig Jahren gesagt hat. Zum Beispiel den mit dem Kühlschrank.

Man kann eine Frau heute eigentlich nicht mehr mit einem Kühlschrank vergleichen.

Wie hätte sie das gesagt?

»Langsam mit Gefühl schieben«, sagt sie.

Merkt man sich natürlich nicht.

Sie ist nicht als große Rednerin bekannt, und es ist nicht immer ganz klar, wofür genau sie inhaltlich steht. Unter der rot-grünen Bundesregierung unterstützte sie die Agenda 2010 von Gerhard Schröder, unter Fraktionschef Jürgen Trittin den neuen Linkskurs der Partei, und nun hat sie die Partei wieder zurück in die Mitte geführt.

Alles hat sich verändert, nur Katrin Göring-Eckardt blieb.

Als sie 2013 als Spitzenkandidatin in den Bundestagswahlkampf zog, galten die Grünen als »Verbotspartei«, weil sie sich für einen »Veggieday«, einen fleischlosen Tag pro Woche in Deutschlands

Kantinen, eingesetzt hatten. Göring-Eckardt weiß, dass sie damals Fehler gemacht hat. Aber dass ausgerechnet sie, die in der DDR aufgewachsen ist und die Strenge ihres Vaters ertragen musste, das Gesicht einer Verbotspartei sein sollte, empfand sie als besondere Ironie.

Sie selbst hat sich einmal mit »Tranquilla Trampeltreu« verglichen, der Kinderbuchschildkröte von Michael Ende, die sehr langsam im Gehen und Denken ist, aber enorm stur, und damit letztlich ihr Ziel, wenn auch mit großer Verspätung, erreicht. »Manchmal denke ich, dass diese beharrliche Schildkröte gut zu meinem Leben passt«, hat Göring-Eckardt einmal gesagt. »Sie geht Schritt für Schritt zur Hochzeit des Löwenkönigs Leo der 28.«

Ihre Partei und sie hätten lange miteinander gefremdelt. Sie erinnert sich noch an ihre ersten Treffen mit Grünen, vollbärtige, vorwiegend westdeutsche Männer, die über die Frage diskutierten, ob sie Wahlplakate mit Nägeln an Bäumen befestigen sollten oder ob man Bäumen damit nur unnötig wehtun würde. Aber inzwischen habe man sich aneinander gewöhnt, man sei sich ähnlicher geworden, die Partei und sie.

Die Partei ist ihr dabei ähnlicher geworden als Katrin Göring-Eckardt der Partei.

Ihr Dienstwagen hält vor dem Hotel Adlon am Brandenburger Tor.

Das Adlon ist noch immer Berlins erste Adresse, ein Treffpunkt, mit dem man beeindrucken will, Pferdedroschken vor der Tür, dicke Limousinen, livrierte Diener, eigentlich kein Ort, der zu ihr passen will, aber sie hat eine Erklärung dafür.

Sie werde dort Helga Schmid, Generalsekretärin des Europäischen Auswärtigen Dienstes in Brüssel, zum Nachmittagstee sehen. »Wir treffen uns immer, wenn sie in Berlin ist«, sagt Göring-Eckardt. »Normalerweise haben wir eine Stunde, heute nur eine halbe Stunde, wir wollen diese halbe Stunde optimal ausnutzen. Deswegen treffen wir uns hier.«

»Das Adlon«, sagt Göring-Eckardt, »liegt genau in der Mitte.«

Heimvorteil
Kaffeekränzchen mit Christian Wulff

Mit 52 Jahren musste er als Bundespräsident zurücktreten. Seitdem ist er das jüngste Staatsoberhaupt a. D. der bundesdeutschen Geschichte. Zurück am Wohnzimmertisch zeigt er, wie er sich auch an kleinen Dingen erfreuen kann.

Als ich Christian Wulff frage, ob ich ihn in Großburgwedel besuchen darf, zu Hause, in seinem neuen Haus, und wenn ja, wann,
schickt er mir eine SMS mit einem traurigen Smiley, in der steht,
es passe ja derzeit so gut wie immer, ich solle ihm zwei Vorschläge
machen.

Es ist kurz vor Ostern 2020, der Beginn der Corona-Zeit. Es gilt:
1,5 Meter Sicherheitsabstand.

Ich schlage Christian Wulff vor, dass ich ihn gleich am Donners-
tag oder Freitag dieser Woche besuchen kommen könnte. Er wun-
dert sich ein bisschen darüber, dass ich ihn so schnell sehen will,
aber er hat nicht grundsätzlich etwas dagegen, mich noch in der-
selben Woche zu treffen; er entscheidet sich nur für den späteren
Termin. Dann lieber Freitag, schreibt er.

Die Geschichte von Christian Wulff ist eine Geschichte über den
richtigen Abstand Christian Wulffs zu den Medien, aber auch den
angemessenen Umgang der Medien mit Wulff. War er den Medien
zu nahe gekommen?

Christian Wulff ist ein Politiker, der von Nähe lebt, ein Menschen-
freund, der anderen gern mal den Vortritt lässt, wenn er eigentlich
ihm gebührt, der offen ist gegenüber den Medien, offen gegenüber
den Bürgern, deren Fragen er geduldig beantwortet, persönlich,
per Brief, egal wie kleinteilig sie sind.

Ich habe ihn öfter nach seiner Leidenschaft gefragt, aber gerade bei Christian Wulff ist das eine heikle Frage. Er ist ein Mann, der sich mit biederem Fleiß bis in die Bundespolitik gearbeitet hat, der nicht zuletzt auch gewählt wurde, weil er Verlässlichkeit ausstrahlte, Treue, Berechenbarkeit, aber plötzlich, als er 2006 Bettina Körner kennenlernte, alles, was vorher gewesen war, vergaß und bedingungslos seiner neuen Leidenschaft folgte. Vielleicht wäre er ohne Bettina nie Bundespräsident geworden, aber ohne Bettina wäre seine aktive politische Karriere vielleicht auch nicht mit 52 beendet gewesen.

In einem seiner Wahlkämpfe hat Wulff einmal davon gesprochen, dass er gern Puzzle legt, 3000 Teile und mehr, Motive wie den

Stachus in München, und weil sonst nichts darüber bekannt war, mit was sich Wulff jenseits der Politik mit Begeisterung beschäftigt, konnte der Eindruck entstehen, Puzzeln könne so etwas wie seine heimliche Liebhaberei sein. Aber als ich ihn darauf ansprach, winkte er ab. Es fiel ihm, was eine wahre Leidenschaft betrifft, bei der ich ihn begleiten könne, nicht wahnsinnig viel ein, und so einigten wir uns auf eine Tasse Kaffee zu Hause bei ihm, auf den ersten Blick eine Notlösung. Aber vielleicht sagt ein Kaffeekränzchen bei Christian Wulff mehr über ihn als jedes klassische Hobby.

Kennengelernt habe ich Christian Wulff vor mehr als einem Jahr. Bei meinen ersten Treffen mit ihm, aus denen ein Porträt entstehen sollte, ging es mir um die Frage, wie er sich sieben Jahre nach seinem Rücktritt als Bundespräsident fühlte, jenseits der großen Bühne aktiver Politik. Ich wollte wissen, wie er in seinem Leben als Altbundespräsident angekommen war. Ich begleitete ihn damals auf mehreren Reisen, meist innerhalb Deutschlands, aber einmal auch nach Istanbul, wo er hohes Ansehen genießt, nachdem er sich in seiner Rede zum 20. Jahrestag der Deutschen Einheit, am 3. Oktober 2010, als erster Bundespräsident zum Islam als Bestandteil deutscher Kultur bekannt hatte. Es war *die* Rede seiner Präsidentschaft. »Das Christentum gehört zweifelsfrei zu Deutschland«, sagte er damals. »Das Judentum gehört zweifelsfrei zu Deutschland. Das ist unsere christlich-jüdische Geschichte. Aber der Islam gehört inzwischen auch zu Deutschland.«

Ich habe bei diesen Reisen viel über ihn erfahren. Was er weiß, was er kann, wen er mag, wem er vertraut, was seine Stärken sind, seine Schwächen, wie er sich selbst sieht.

Aber nicht, was er eigentlich selbst will; wo Christian Wulff wirklich zu Hause ist.

Nur 598 Tage war Christian Wulff Bundespräsident. Keiner vor ihm war jünger, keiner war kürzer im Amt. Nach seinem Rücktritt am 17. Februar 2012 wurde 14 Monate lang gegen ihn wegen des Verdachts der Vorteilsannahme ermittelt. Es ging um Urlaubsreisen und Hotelkosten, um die Kreditfinanzierung seines Hauses und

irgendwann um das Bobbycar seines Sohnes. Dreieinhalb Monate dauerte der Prozess, erst am 27. Februar 2014, mehr als zwei Jahre nach seinem Rücktritt, wurde Wulff freigesprochen. Aber anders als die Verdächtigungen gegen ihn interessierte sein Freispruch kaum jemanden mehr.

Als Altbundespräsident bekommt Wulff einen Ehrensold von mehr als 200 000 Euro pro Jahr, er hat ein Büro in der Nähe des Brandenburger Tors, Fahrer, Sicherheitskräfte und von der Deutschen Bahn gratis die Bahncard 100 für die erste Klasse. Aber wer einmal Präsident war, ist auch gefangen. Er kehrt nicht zurück als Minister, Ministerpräsident oder Kanzler, er bleibt Bundespräsident a. D., lebenslang. Für viele seiner Vorgänger war das kein Problem. Lübke, Heinemann, Weizsäcker und Rau waren schon über siebzig, als sie in den Ruhestand gingen. Als Wulff zurücktrat, war er 52. Jetzt ist er 61 Jahre alt.

Er hat auch als Altbundespräsident noch immer genug zu tun, vertritt mal den amtierenden Bundespräsidenten, mal die Bundeskanzlerin bei Terminen, die sie nicht wahrnehmen können, so wie 2015 bei der Trauerfeier für den saudischen König Abdullah oder im Mai 2019 bei der Amtseinführung des ukrainischen Präsidenten Wolodymyr Selenskyj. Wulff ist außerdem Vorsitzender der Deutschlandstiftung Integration, Präsident des Deutschen Chorverbands, Ehrenpräsident des Euro-Mediterran-Arabischen Ländervereins, Schirmherr der Deutschen Multiple Sklerose Gesellschaft sowie Ehrensenator der Europäischen Akademie der Wissenschaften und Künste; nebenher arbeitet er als Anwalt. Alles respektable Aufgaben. Aber in den Zeitungen ist meistens nur das Neueste über seine Ehe oder den Freund seiner Frau zu lesen.

Am 14. Mai 2019 fuhren wir zusammen im IC 142, der vom Berliner Hauptbahnhof zum Amsterdamer Zentralbahnhof fährt und an allen drei Stationen von Wulffs aktivem Politikerleben hält, Berlin, Hannover, Osnabrück. Es wurde eine Reise rückwärts durch seine Karriere, von Berlin, wo er Staatsoberhaupt war, über Hannover, wo er Ministerpräsident war, nach Osnabrück, wo er geboren wurde und den größten Teil seines Lebens verbracht hat.

Heute lebt er in Großburgwedel, einem Ort im Speckgürtel von Hannover, gut 10 000 Einwohner und Sitz der Firmenzentralen von KIND Hörgeräte und der Rossmann Drogeriemärkte. Er zog erstmals 2008 dorthin, zwei Jahre vor seiner Wahl zum Bundespräsidenten – zusammen mit seiner zweiten Frau Bettina. Nun wohnt er wieder dort, in einem neu gebauten Einfamilienhaus, nicht weit von der sogenannten Klinkerhölle, in der er damals mit Bettina lebte. Auch sie wohnt heute in Großburgwedel, ebenfalls nicht weit entfernt, nachdem sie Wulff nach dessen Rücktritt erst verließ, dann zurückkehrte, um ihn schließlich ein zweites Mal für den Musiklehrer ihrer Kinder zu verlassen. Sie sorgen nun gemeinsam für die beiden

Kinder, Leander und Linus, 17 und zwölf Jahre alt, die mal bei ihr sind oder wie an diesem Tag mal bei ihm.

Es ist halb drei an einem Freitag, als er seine Haustür öffnet.

Das Schloss

Die *Berliner Morgenpost* schreibt am 30. Juni 2010:

> +++ *Jetzt hat es Wulff (51) geschafft. Er ist Bundespräsident. Ein triumphierender Sieger sieht anders aus. Wulff hat dennoch am Abend sein nettes Zahnpastalächeln wiedergefunden. Seine hübsche Ehefrau Bettina (36) – im schicken Schwarzen – lächelt ihm aufmunternd von der Tribüne zu. Ein Hauch von Jackie O.! Sie und er sind die neuen Schlossherren von Bellevue.* +++

Christian Wulff hat den Kaffeetisch gedeckt, das Geschirr nennt sich »Emperor's Garden«.

»Man freut sich ja richtig über Besuch«, sagt er, als er mich ins Wohnzimmer bittet.

Ich darf mir einen Platz aussuchen.

»Tee?«, fragt er. »Kaffee?«

Auf dem Tisch stehen vier Kuchenstücke, verteilt auf zwei Teller.

»Die hab ich extra beim Bäcker Gaues geholt«, sagt Christian Wulff, »der hat das Hotel Adlon in Berlin mit Brot beliefert und eine gewisse Zeit auch das Schloss Bellevue.«

Wir setzen uns. »Hab ich Ihnen die Geschichte von Bäcker Gaues erzählt? Das war mein erster Skandal.«

Die Bäckerei Gaues ist ein Familienbetrieb mit Filialen in Hamburg, Braunschweig, Hannover und Großburgwedel.

»Bäcker Gaues ist so ein Marketingbäcker«, sagt Wulff, ein Mann, der sich bestens zu vermarkten verstehe, und das Brot von ihm sei »wirklich gut«: »Mehrkorn. Ganzkorn. Ich hab gerade Quark mit Kürbiskern da. Wenn Sie mögen, kann ich Ihnen davon gern nachher eine Scheibe mitgeben. Das Brot schmeckt einfach genial. Und vielleicht merken Sie das auch gleich beim Kuchen.«

Also, erzählt Wulff, kurz nachdem er 2010 Bundespräsident geworden sei, habe Bäcker Gaues dem Regionalbüro der Deutschen Presse-Agentur in Hannover ein Interview gegeben, in dem er gesagt habe: »Es gibt nur einen Bundespräsidenten, und der hat einen Bäcker aus Hannover.« Das wäre vielleicht gar nicht so schlimm gewesen, wenn Gaues das Interview nicht mitten im Sommerloch gegeben hätte, aber so habe irgendjemand bei der dpa in Berlin die Abschrift des Interviews auf den Tisch bekommen und sich gesagt, Moment mal, der Wulff kriegt Brot vom Bäcker Gaues aus Großburgwedel? Daraus könnte eine Riesengeschichte werden.

Das wurde es auch, gemessen daran, um was es in der Sache eigentlich ging. Wie sich herausstellte, belieferte Bäcker Gaues tatsächlich das Bellevue mit Brot, allerdings nur viermal im Jahr zu größeren Anlässen wie einem Staatsbankett, und so wie Wulff die Sache erinnert, handelte es sich um einen Auftragswert von rund 600 Euro. Aber, was noch viel wichtiger war: Bäcker Gaues belieferte das Bellevue seit vielen Jahren, schon unter seinen Vorgängern Johannes Rau und Horst Köhler, ohne dass sich jemand daran störte.

Doch bis er das wusste, verging zu viel Zeit. Das Problem sei gewesen, sagt Wulff, dass der Koch im Sommerurlaub gewesen sei und das Bellevue die Sache ein, zwei Tage lang nicht aufklären konnte.

Während das Bellevue den Koch zu erreichen versuchte, holte die dpa Stimmen zu Wulffs vermeintlichen Lieblingsbrötchen aus Großburgwedel ein. Ein Vertreter der Berliner Handelskammer erklärte: »An der Qualität der Berliner Brötchen kann es nicht liegen«, und die Grünen monierten eine katastrophale CO_2-Bilanz. Und so wurde, wie später bei seinem Hauskredit, aus einer Geschichte, die eigentlich harmlos schien, ein Skandal, in diesem Fall der »Brötchen-Skandal«. »Der Eindruck war entstanden, dass jeden Morgen ein Wagen von Burgwedel ins Bellevue fährt«, sagt Wulff, »weil ich nur diese Brötchen essen und alle anderen verpönen würde.«

Schon nach ein paar Monaten im Amt war so das Bild eines Mannes entstanden, der die Bodenhaftung verloren hat.

Und vielleicht war das kein ganz falsches Bild, auch wenn das mit den Brötchen nicht stimmte: Die Welt der bunten Hochglanzblätter und schnellen Ferraris war ihm, dem so bilderbuchhaft biederen Christian Wulff aus der niedersächsischen Provinz, bislang fremd. Bis dahin hatte er ein arbeitsreiches, aber eher glanzloses Politikerleben geführt, das 1975 mit seinem Eintritt in die Schüler Union begann: Er wurde erst niedersächsischer Landesvorsitzender der Schüler Union (1978 bis 1979), dann ihr Bundesvorsitzender (1978 bis 1980), Mitglied im Bundesvorstand der Jungen Union (1979 bis 1983), Landesvorsitzender der Jungen Union Niedersachsen (1983 bis 1985), Landesvorsitzender der CDU Niedersachsen (1994 bis 2008). Zweimal versuchte er vergeblich, den amtierenden Ministerpräsidenten Gerhard Schröder zu schlagen (1994 und 1998). Erst als er 2003 zum dritten Mal antrat, diesmal gegen Sigmar Gabriel, wurde er doch noch zum Ministerpräsidenten gewählt.

Er war drei Jahre Ministerpräsident, als er im Frühjahr 2006 auf einer Delegationsreise nach Südafrika Bettina Körner kennenlernte, die in der PR-Abteilung des Reifenherstellers Continental arbeitete. Wulff war damals 47 Jahre alt, wohnte noch immer in seiner Heimatstadt Osnabrück. Und plötzlich änderte sich alles: Er ließ sich von seiner damaligen Frau Christiane, mit der er zwanzig Jahre verheiratet war und eine Tochter hat, scheiden, heiratete einen Monat später, im März 2008, Bettina, die einen Sohn aus einer anderen Beziehung mit in die Ehe brachte, und wurde noch im selben Jahr zum zweiten Mal Vater. Er kaufte ein Haus in Großburgwedel, das Haus, das ihn später zu Fall bringen sollte. Zum ersten Mal wohnte er nicht mehr in seiner Heimatstadt Osnabrück.

»Ich habe überhaupt nur ganz selten im Bellevue gefrühstückt«, sagt Christian Wulff am Kaffeetisch in Großburgwedel, und das auch nur, weil die Dienstvilla »Wurmbach« in der Pücklerstraße, in der Bundespräsidenten seit 2004 üblicherweise wohnen, gerade renoviert wurde. Im Dachstuhl waren Holzwürmer entdeckt worden.

Es geht noch immer um den Brötchenskandal.

Nach der Wahl übernachtete er einige Zeit im Grand Hotel Esplanade in Berlin, was ihm viel zu teuer gewesen sei. Als er fragte, ob er nicht ins Bellevue ziehen könne, wurde ihm gesagt, es gebe nur einen Raum mit einem Bad und einer Dusche nebenan, aber ohne Bett. Worauf er gesagt habe: »Dann kaufen Sie bitte ein Bett.« Es gebe genug Möbelhäuser, in denen man Betten kaufen könne, bei IKEA könne man die sich sogar sofort einpacken lassen. Danach habe er ein paar Tage lang im Bellevue gewohnt. »Ich habe der Republik, dem Steuerzahler Tausende Euro gespart, aber die Meldung in den Zeitungen war: Der frühstückt im Bellevue und kriegt die Brötchen vom Bäcker Gaues in Burgwedel.«

Mag sein, dass er sich ein bisschen ungeschickt anstellte, seine Bescheidenheit hervorzuheben. Aber vielleicht hatte ein Mann, der selbst als Präsident freiwillig in einem IKEA-Bett geschlafen hätte, medial von Anfang an keine Chance, vor allem an der Seite einer Frau, die ständig die bunten Blätter anlockte. Vielleicht lässt sich mit diesem Eingeständnis Frieden schließen, mit allem, was passiert ist.

Christian Wulff ist Jurist. Er zieht Sachbücher Romanen vor und arbeitet Texte gern mit dem Leuchtstift durch. Ein Anwaltskollege hat ihm das sogenannte achtzeilige Lesen beigebracht, eine Technik zur nutzenorientierten Lektüre. »Sie müssen dabei nur nach den Substantiven und den Verben schauen, dann wissen Sie im Grundsatz schon, worum es geht. Nur die Zitate müssen Sie einzeilig lesen.«

Er kennt sich mit vielem gut aus, auch mit weniger wichtigen Dingen, dem Unterschied zwischen kalendarischem und meteorologischem Frühlingsanfang etwa. Er weiß, dass die Flasche des fränkischen Bocksbeutels ein neues Design bekommen hat. Aber was weiß er über sich?

Als ich Wulff einmal fragte, ob er sich seit seinem Rücktritt verändert habe, sagte er mir, er könne mir die Frage nicht beantworten, stattdessen nannte er mir zwei Namen, den einer Person, die nicht genannt werden will, und den des Drogerieunternehmers Dirk Roßmann. Wulff ist mit ihm oft gewandert, durch die Lüneburger Heide oder den Harz. Roßmann, sagt Wulff, gehöre heute zu seinen engsten Freunden.

Im Sommer 2019 treffe ich Roßmann in der Lobby des Hotel Adlon in Berlin zum Kaffee.

Roßmann vergleicht Wulffs Präsidentschaft mit dem ersten Wimbledon-Sieg von Boris Becker. »Als Boris Becker mit 17 Wimbledon gewonnen hat, war das nicht das große Glück, sondern der Moment, in dem die Probleme begonnen haben. So war das bei Christian auch.«

Wulff, sagt Roßmann, sei ihm vor seinem Rücktritt 2012 »formal und sehr strukturiert« vorgekommen, als er ihn kennengelernt habe. »Einen wahren Zugang zu seinen wirklichen Gefühlen hatte er damals nicht. Er war sehr diszipliniert und kopfgesteuert. Er versteckte sich vielleicht zu häufig hinter solchen Vokabeln wie ›man‹, statt dass er klar und deutlich sagte, was ihn stört und für was er kämpft.«

Roßmann hat Wulff viel zugehört, aber auch Ratschläge gegeben.

»Mach 'ne Ich-Aussage«, riet er. »Wenn ich finde, dass du ein Idiot bist, sage ich: Du bist ein Idiot. Ich sage nicht: Man findet, du bist ein Idiot.«

In gewisser Weise, sagt Roßmann, habe ihn Wulff an Fürst Myschkin erinnert, eine Romanfigur Dostojewskis, der von der Gesellschaft geächtet wird, weil er sich nicht wie ein richtiger Mann verhält. »Christian war vielleicht unbeholfen, er hat vielleicht auch tapsige Fehler gemacht, aber er ist doch kein Verbrecher gewesen.«

Nach seinem Rücktritt, sagt Roßmann, sei Wulff ein anderer geworden. »Christian hat sehr viel von seinen Kindern gelernt. Er ist entspannter, humorvoller, kurz gesagt: sensibler und menschlicher geworden.«

Auf Empfehlung Roßmanns hat Wulff begonnen Romane zu lesen, sogar einen von Michel Houellebecq, *Serotonin*, »den schrecklichen letzten, den unanständigen, der ist richtig schlimm«, wie Wulff mir einmal erzählte. Er sagte auch: »Das Buch können Sie aber 16-zeilig lesen, dann sparen Sie sich den ganzen Schweinkram.«

Er hat auch Romane gelesen, in denen er sich selbst wiedererkannte. Den *Proceß* von Franz Kafka etwa, in dem es um eine albtraumhafte Willkürjustiz geht. Oder *Die verlorene Ehre der Katharina Blum* von Heinrich Böll, ein Buch, in dem eine junge Frau das Opfer einer Medienkampagne wird. »Es ist eins zu eins, was ich erlebt habe. Mir haben zwar alle gesagt: Sag das nicht, du hast deine Ehre nicht verloren, aber wie man in diesen Strudel reingerät, dass alles irgendwie ausgelegt wird und dass alles merkwürdig erscheint, das habe ich genauso erlebt.«

Er sagt, er habe zudem psychoanalytische Bücher gelesen. Ihm sei klar geworden, dass er sich nicht als Opfer zu sehen habe, sondern »als handelnder Akteur«.

Das Haus

Die *Hannoversche Allgemeine Zeitung* schreibt am 10. März 2013:

> +++ *Ganz Deutschland spottete eine Zeit lang über dieses äußerlich eher einfache Klinkerhaus in Burgwedel. Symbol für eine gescheiterte Präsidentschaft und Ehe, dessen über Kredite finanzierte Anschaffung vor Jahren die Affäre um Christian Wulff ausgelöst hatte. Jetzt verdichten sich die Informationen, dass Bettina Wulff es verkaufen will. Die Lage des Hauses in der Sackgasse Lührstraße gilt als exzellent, auch wenn kürzlich ein neu gebautes Einfamilienhaus den Blick zum Kirchturm versperrt.* +++

Christian Wulff lenkt die Aufmerksamkeit wieder auf den Kuchen.

Er habe vier Stücke besorgt, sagt er, drei seien für mich, eins für ihn. Der Kuchen würde bei Gaues nach Gewicht verkauft, zwei der Sorten kosteten 13,90 das Kilo, die anderen beiden 10,90 Euro. Zur Auswahl stünden: Mohn, Kirsch, Himbeere und Apfel-Zimt.

»Quark gab's leider nicht«, sagt Christian Wulff.

Er lacht, kleiner Insiderscherz.

Als wir damals zusammen auf Zugreise von Berlin nach Osnabrück waren, für 3 Stunden und 17 Minuten, so lange braucht der IC 142 von Berlin nach Osnabrück, wartete er am Berliner Hauptbahnhof mit drei Teilchen vom Bäcker auf mich.

Einer Quarkschnecke. Einer Mohnschnecke. Und einer Kirschschnecke.

»Welche nehmen Sie?«, hatte mich Wulff gefragt, als wir im Zug saßen.

Ich überlegte einen Moment, aber bevor ich etwas sagen konnte, sagte Wulff: »Die Schnecke mit dem größten Risiko für den Redner ist die Mohnschnecke. Wenn man Pech hat, klebt der Mohn zwischen den Zähnen.« War das ein freundlicher Hinweis, ihm bitte die Mohnschnecke abzunehmen? Hatte ich noch die Wahl?

»Ich weiß nicht, ob ich damals wirklich beabsichtigt habe, Ihnen die Mohnschnecke aufzudrücken«, sagt Wulff an seinem Wohnzimmertisch in Großburgwedel. »Aber Ihre Beobachtung war schon richtig, dass ich weiß, was ich will.«

Als Politiker galt er immer als ein bisschen zu freundlich, zu weich, er war der Mann, der stets zwei Schritte hinter Angela Merkel ging. Aber dann wurde er am 30. Juni 2010 protokollarisch Deutschlands Nummer eins. Merkel musste nun zu ihm kommen, nicht umgekehrt, eine Volte der Politik, an die sich nicht nur Christian Wulff erst gewöhnen musste.

Damals im Zug dachte er zurück an seine Zeit in der niedersächsischen Politik, als er häufiger auf der Strecke unterwegs gewesen war und in Hannover Abgeordnete aus dem niedersächsischen Landtag einstiegen.

Abgeordnete im Rudel neigen zur Prahlerei, er hat das nicht unbedingt in guter Erinnerung. Seine Kollegen hat er früher regelmäßig ermahnt. »Das hat möglicherweise mein Image geprägt, dass ich ein bisschen steif bin«, sagte Wulff.

Er litt lange unter diesem Bild. Gerhard Schröder, der gegen Wulff 1994 und 1998 zwei Landtagswahlen gewann, zitierte gern das alte deutsche Gedicht »Ein Büblein auf dem Eise« von Friedrich Wilhelm Güll, um Wulff zu parodieren: »Das Büblein stampft und hacket mit seinem Stiefelein/Das Eis auf einmal knacket, und krach! schon bricht's hinein.«

Heute lacht Wulff darüber.

»Schröder war der, der am Gitter des Kanzleramts gerüttelt hat«, sagte mir Wulff im IC von Berlin nach Osnabrück, »ich war der, der nach den Öffnungszeiten gefragt hätte.«

Außer uns saßen damals noch zwei weitere Männer im Abteil,

die er nicht kannte, sie hatten die Fensterplätze reserviert, der eine, auf Wulffs Seite, fuhr bis nach Minden, zwei Stationen vor Osnabrück, der andere über Bad Bentheim an der deutsch-niederländischen Grenze bis nach Amsterdam. Wulff hatte das den Reservierungsschildern entnommen. Er begann von Bad Bentheim zu schwärmen, der Grafschaft Bentheim, der Obergrafschaft, der Niedergrafschaft, dem Kloster Frenswegen mit seinem ökumenischen Dialog. Der Mann, der über Bad Bentheim reiste, ignorierte den Monolog.

Irgendwann wandte sich Wulff dem anderen Mann zu, der mit dem Ziel Minden.

Wulff: »Wie geht's Melitta?«

Der Mann schaute ihn an.

Wulff: »Ist das nicht das Vorzeigeunternehmen in Minden?«

Mann: »Ich bin bei der BG Bau.«

Wulff: »Ah, bei der Berufsgenossenschaft?«

Mann: »Genau. Da ist 'ne Tagung in Bad Oeynhausen.«

Wulff: »Schwarzarbeit bekämpfen?«

Mann: »Nee, es geht um medizinische Fragen.«

Wulff: »Sind Sie Mediziner?«

Mann: »Nee, ich bin in der Rechtsabteilung.«

Als er Bundespräsident war, wussten alle fast alles über ihn. Sein Lieblingsessen (»Pasta in allen Variationen«), sein Lieblingsduft (»Orange Verte« von Hermès), sein Lieblingssong (»Apologize«

von One Republic). Er und seine Frau Bettina füllten Fragebögen aus und produzierten Bilder wie sonst nur die Guttenbergs. Irgendwann verlor er dabei die Kontrolle. Als er dem damaligen *Bild*-Chefredakteur Kai Diekmann auf die Mailbox sprach, um die Berichte gegen sich zu stoppen, war nichts mehr zu retten. Es begann eine monatelange Hetzjagd der Medien auf Christian Wulff, in der es am Ende nur noch darum ging, ihn zum Rücktritt zu zwingen. Alles wurde untersucht: die Finanzierung seines Einfamilienhauses in Großburgwedel, seine Reisen nach Sylt und nach München, die Rabattpolitik der Nagelpflegerin seiner Frau, sein Verhältnis zu dem kurz zuvor verstorbenen Filmproduzenten David Groenewold, die Leasingkonditionen für einen Audi Q3 und schließlich das Bobbycar seines Sohnes, ein Geschenk des Berliner Autohauses, das auch seinen Audi Q3 geliefert hatte. Mehr als 400 Fragen beantwortete Wulff, aber auch das reichte nicht, um die Jagd zu stoppen.

Jetzt ist er es, der den Leuten Fragen stellt, nicht umgekehrt.

Wieder sprach er den Mann von der Berufsgenossenschaft an. »In Deutschland ist man eigentlich überversichert«, sagte er. »Aber was man unbedingt braucht, ist eine Berufsunfähigkeitsversicherung. Das empfehle ich auch meinen Kindern.«

Scheinbar hatten ihn die Mitreisenden nicht erkannt, jedenfalls ließen sie sich nichts anmerken und bedrängten ihn auch nicht mit neugierigen Gegenfragen.

Er klärte mich stattdessen ungefragt noch über andere Versicherungen auf, die Ausbildungsversicherung etwa, die ihm Helmut Kohl nach der Geburt seiner Tochter mit den Worten empfohlen hatte: »Jetzt hören Sie mal auf anzugeben, Wulff, Sie haben jetzt ein Kind, gehen zu Ihrem Versicherungsfiffi und schließen 'ne Ausbildungsversicherung ab. Das kostet Sie 30 Mark im Monat, da können Sie zwar nicht mehr so viel Eis mit Sahne essen, aber das machen Sie jetzt mal. Wenn Ihre Tochter 18 ist, hat sie 10 000 Mark und kann ihr Studium finanzieren.«

Oder die sogenannte Grundeigentümerhaftpflichtversicherung, die Haus- und Gartenbesitzer vor hohen Schadenersatzzahlungen bewahrt. »Diese Versicherung«, erklärte mir Wulff damals, »brauchen Sie unbedingt.« Er lächelte, er hatte sich selbst ertappt. »Als Sie Schröder kennengelernt haben, gab's immer guten Rotwein, bei mir lernen Sie, welche Versicherungen Sie brauchen. Das passt ja ins Bild.«

Er sei immer gerne gereist, sagt Wulff, am liebsten mit der Bahn, »weil man da lesen kann, sich bewegen kann, sich versorgen kann«. Auch als Bundespräsident sei er viel unterwegs gewesen, allerdings nicht mehr mit der Bahn, aus Sicherheitsgründen.

Nur einmal in seiner gesamten Zeit als Bundespräsident habe er auf eine Zugfahrt bestanden, von Berlin nach Wolfsburg, wo er das VW-Werk besuchen wollte. Er habe damals gesagt, von Berlin nach Wolfsburg fahre der Zug in 59 Minuten, man komme direkt am VW-Werk an. Daraufhin habe man tatsächlich den Zug genommen. Aber er sei sich bis heute nicht sicher, ob das nicht ein Sonderzug gewesen sei. Erstens sei der Zug auf einem anderen Gleis abgefahren, zweitens seien nur wenige Leute im Zug gewesen, und drittens sei er fünf Minuten zu früh in Wolfsburg angekommen, was ihn am meisten geärgert habe, weil er die Stunde nutzen wollte, um sich auf den Termin vorzubereiten. »Ich war noch mittendrin und auf einmal sagen sie, Sie können aussteigen«, erzählt Wulff. »Ich sage: wieso? Das ist doch vor der Zeit.«

Als Bundespräsident fühlte er sich oft fremdbestimmt. In einem Interview mit dem Magazin *Galore* sagte er 2019: »Bei Terminen bin ich vor meiner Zeit als Bundespräsident gerne früher gekommen und später gegangen, um die Stimmung aufzunehmen. Im Amt habe ich dann ein bisschen unter dem Protokoll gelitten, denn protokollarisch muss der Bundespräsident als Letzter ankommen und als Erster gehen. Da gab es wenig Spielraum.«

Er reise zwar viel herum, aber er hatte das Gefühl, nirgendwo mehr richtig anzukommen.

»Warum bin ich jetzt gerade so zufrieden?«, fragt sich Christian Wulff an seinem Wohnzimmertisch, jetzt, da er in der Corona-Krise nicht mehr unterwegs sein kann. »Man ist mal zurückgeworfen auf

sich selbst«, sagt Wulff. Weil er sonst so viele Reden halte und so viele Themen abdecke, sei es schön, ein paar Wochen lang nur zu sortieren, zu ordnen, sich einen Überblick zu verschaffen. »Es ist jetzt das erste Mal, dass ich überhaupt angekommen bin«, sagt er. »Ich habe so viel gemacht. Ich habe einen Aufsatz geschrieben über Resilienz und Widerstandskraft in Krisen. Das Material habe ich all die Zeit auf dem Stapel liegen gehabt.« Er habe vom Telefon aus versucht, Leuten zu helfen. Kurzarbeitergeld. KfW. Es gebe viel Not leidende Mittelständler, Selbstständige im »Kulturbereich«. »Ich habe 2974 Kontakte in meinem Handy«, sagt Wulff, »das weiß ich seit dem Ermittlungsverfahren.«

Er macht es wieder wie früher, als er noch nicht Bundespräsident war, bringt Leute zusammen, kümmert sich. Zum Beispiel um Markus Söder und Armin Laschet, denen er gern mit Rat zur Seite steht. Er befürwortete Söders Kurswechsel in der Flüchtlingspolitik, und Armin Laschet kann er sich gut als nächsten Bundeskanzler vorstellen.

Er hat auch Briefe geschrieben. Wer ihm einen Brief schreibe, bekomme auch einen Brief zurück, sagt er. Nur in der Zeit seines Rücktritts habe er das nicht geschafft. »Briefe lesen, Briefe beantworten«, das sei sein »Elixier«, sagt Wulff. »Ich habe mir immer gesagt: Wenn dich alle niedermachen, dann sitzt am Kaffeetisch einer, der meldet sich und sagt, nee, nee, nee, so schlimm kann er nicht sein, er hat mir neulich geschrieben.«

Er kann jetzt wieder so sein, wie er einmal war.

Der Kuchen von Bäcker Gaues schmeckt wirklich gut. Wulff bietet mir ein zweites Stück an.

»Wir können die auch alle einmal durchschneiden«, sagt Wulff.

Sein Handy klingelt.

Er geht kurz ran. Es geht um die Frage, wie man einen Sonnenschirm am besten befestigt und welche Optionen es dafür im Baumarkt gibt. Baumärkte sind das ganz große Thema an diesem Tag, weil sie am nächsten Morgen in Niedersachsen wieder für alle geöffnet werden sollen, nachdem dort zuletzt nur Gewerbetreibende einkaufen durften. »Morgen wird es Schlangen vor den Baumärkten geben«, prophezeit Wulff.

Wulff rät, erst mal nicht zum Baumarkt zu fahren.

»Knappes Gut werden Gartenschläuche sein, Sprühpistolen und Kärcher«, schätzt er. Kärcher seien gerade ganz besonders gefragt. Aldi habe schon ein Gerät im Angebot.

Der Deutsche kärchere ja gern den Grünbelag weg, sagt Christian Wulff.

Er amüsiert sich über das Image des deutschen Spießbürgers, das ihm immer angehängt wurde. Irgendwann begann er damit zu spielen. Als Ministerpräsident schreckte er nicht davor zurück, sich mit einem Gartenschlauch in der Hand beim Blumengießen fotografieren zu lassen, heute redet er selbstironisch über seine Gartenarbeit. »Garten ist eigentlich nicht so mein Thema«, sagt Wulff in seinem Haus, »aber das machen jetzt, glaube ich, alle. Ich habe tatsächlich auch mal den Rasen gemäht.«

Man weiß nie genau, wie ernst Wulff so einen Satz meint, ob er nun wirklich den Rasen gemäht hat oder nicht, er versucht jedenfalls nicht krampfhaft lässig zu sein, wie einer, der sich noch etwas beweisen muss.

Heimat

Der NDR 1 Niedersachsen berichtet am 3. Dezember 2019:

+++ Der frühere Bundespräsident Christian Wulff wird Ehrenbürger seiner Heimatstadt Osnabrück. Die Auszeichnung soll im kommenden Jahr im Rahmen eines Festaktes verliehen werden. +++

Wulffs Sohn Linus betritt das Wohnzimmer, in der Hand einen schwarzen Helm.

Er sagt, er wolle mit seinem Bruder eine Runde Motorrad fahren.

Wulff erinnert ihn an die Geschwindigkeitsbeschränkungen. Hier, direkt vor seiner Haustür, sei Tempo 30, sagt er. »Ich sage der Polizei, dass sie mal auf zwei schwarze Helme aufpassen soll«, scherzt er, aber da ist sein Sohn schon so gut wie aus dem Haus.

Sein Sohn mache gerade den Führerschein mit 17, sagt Wulff. Das war mal seine Erfindung, als er noch Ministerpräsident von Niedersachsen war. Heute, sagt er, sei der Führerschein mit 16 im Gespräch. Er lag mit seiner Idee offensichtlich im Trend.

Er hofft das auch für den wichtigsten Satz seiner Karriere: »Der Islam gehört inzwischen auch zu Deutschland.« In der Festrede zu seinem 60. Geburtstag im Juni 2019 war er abermals darauf zurückgekommen: Deutschland werde sich am 4. September 2040 an einen

»großen Moment seiner Geschichte« erinnern. Das Land werde sich an diesem Tag für 25 Jahre Flüchtlinge feiern und zurückblicken auf die schwierige Anfangszeit voller Sorgen und Irrtümer und auf die Bereicherung durch die Integration von 1,5 Millionen Menschen. Die Chancen seien groß, dass der Flüchtlingsandrang, der Deutschland vollkommen unvorbereitet erreicht hatte, zu einem »Glücksfall der deutschen Geschichte« werde.

In gewisser Weise sieht er darin auch das Vermächtnis seiner Rede vom 3. Oktober 2010, für die er damals viel Kritik hatte einstecken müssen. War er seiner Zeit voraus?

»Meine Theorie ist ja, dass ich mit sechzig gerade Halbzeit habe«, sagt Wulff. »Ich meine das in dem Sinne, dass mein Leben bis zum 30. Lebensjahr fremdbestimmt war. Ich wurde dauernd bewertet, beurteilt, vom Ausbilder, von der Staatsanwältin, vom Jugendrichter, vom Zivilrichter, im Staatsexamen. Dreißig Jahre lang habe ich gedient, erst als Anwalt war ich mein eigener Herr, also ging für mich das Leben erst mit dreißig los.«

In gewisser Weise führt er seine Präsidentschaft einfach weiter, ohne andauernd herumreisen zu müssen. Anders als früher kann er jetzt bleiben, wo er ist.

»Ein Vorteil ist, dass ich ein Netz habe«, sagt Wulff. Er habe einen unglaublichen Eingang an YouTube-Videos, WhatsApp-Nachrichten, viele alte Freundschaften. »Ich bin hier in einem kommunikativen Zentrum.« Er nimmt noch einmal sein Handy zur Hand.

»Ich muss gleich noch ein paar Leute anrufen.«

Klinkerhölle

Am 22. Mai 2016 schreibt stern.de:

+++ Das frühere Präsidentenpaar Christian und Bettina Wulff plant ein neues Zuhause: Wie die »Bild am Sonntag« berichtet, unterschrieben die Wulffs den Kaufvertrag für ein Baugrundstück – und zwar im niedersächsischen Großburgwedel. Auf dem 1000 Quadratmeter großen Bauplatz wollen sie ein Haus für die mehrköpfige Patchwork-Familie bauen. Gekostet habe das Grundstück 250 000 Euro. Nur wenige Straßen weiter steht den Angaben zufolge das Haus, für das sich Wulff einen Privatkredit besorgt hatte. +++

»Ich gehe nachher noch mal einkaufen«, sagt Christian Wulff. Er habe zwei Möglichkeiten in Großburgwedel, entweder Edeka oder Aldi. Er weiß noch nicht, wie er sich entscheiden wird. »Ich bin der Einzige der Familie, der gern zu Aldi geht«, sagt er, alle anderen gingen nur zu Edeka. »Aber bei Aldi gibt's jetzt von Frosta Hackbällchen mit Nudeln und Karotten.«

Als ich ihn vor einem Jahr traf, war er sich nicht so sicher, ob er mich zu Hause empfangen sollte, und schlug vor, mich lieber in einem Lokal zu sehen. Er hatte einen Tisch in der Trattoria Pasta e Vino reserviert, später kamen seine beiden Söhne dazu. Er sagte ihnen, sie sollten etwas bestellen, »das der Papa nicht kann«, zum Beispiel Gemüse.

Sie bestellten Pizza und Pasta.

Dann redeten sie über die letzten Tests, den Elternabend beim FC Burgwedel und die neue Wasserlandschaft, die im Erlebnispark Rust eröffnet werden soll, den sie gern besuchen.

»Wenn Sie Ihren Kindern mal etwas ganz Gutes tun wollen, müssen Sie da unbedingt hinfahren«, sagte Wulff. Es gebe da alles, für Große und Kleine, für Mutige und weniger Mutige. Der ältere Sohn zum Beispiel liebe den Megacoaster »Blue Fire«, eine Achterbahn mit mehreren waghalsigen Loopings. Er dagegen verschwinde mit dem jüngeren Sohn lieber in »Grimms Märchenwald«.

Als wir das Restaurant verlassen hatten, überlegte er noch, wo wir ein Foto von ihm aufnehmen könnten, das ihn in Großburgwedel zeigt und im SPIEGEL erscheinen kann, ohne ihm erneut Probleme zu bereiten.

Vor seinem alten Haus, der Klinkerhölle mit der orangefarbenen Sicherheitstür, das damals zum Symbol seines Scheiterns wurde? Unmöglich.

Vor seinem neuen Haus? Auf keinen Fall.

Er klagt immer wieder, gegen die *Bunte*, gegen die *aktuelle*, gegen die *Neue Post*, die sich noch immer für sein Privatleben interessieren, vor allem für das seiner Frau Bettina. Besonders hat ihn ein Foto geärgert, das ihn hinter einem voll bepackten Einkaufswagen zeigte und über dem stand: »Wer Bettina liebt, der schiebt!« Man habe darauf erkennen können, sagt Wulff, ob er sein Toilettenpapier »dreilagig oder vierlagig« kaufe. Wulff klagte bis zum Bundesgerichtshof in Karlsruhe, aber er verlor. Er führt weiter Prozesse, vor allem will er erreichen, dass sein Haus in Großburgwedel nicht fotografiert werden darf.

Auf dem Weg durch Großburgwedel, gegenüber vom Getränkemarkt, wo er immer seine gelben Säcke abholt, entdeckte er damals eine geklinkerte Bushaltestelle.

Er setzte sich lächelnd.

»Das ist jetzt unser Bild«, sagte er, »eine Klinkerhöllenbushaltestelle.«

Er fühle sich in Großburgwedel wohl, sagt Wulff in seinem Wohnzimmer. »Ich hab hier eine feste Trutzburg, von der aus ich agiere.« Er habe die ersten 47 Jahre seines Lebens in Osnabrück gelebt, 18 Jahre davon mit seiner ersten Frau, dann sei er mit Bettina, seiner zweiten Frau, in sechs Jahren häufiger umgezogen als in seinem gesamten vorherigen Leben. Jetzt sei er angekommen und wolle am liebsten die nächsten dreißig Jahre hier bleiben, sagt Wulff.

In Großburgwedel verdichte sich sein Leben auf einen »Durch-

messer von 400 Metern«, sagt Wulff. Hier sind ein Feinkostladen, der Edeka und der Aldi, in denen er einkauft, sein Stammitaliener, hier sind die Schulen seiner Söhne. »Ich bin eher der sesshafte Typ«, sagt Wulff.

Es gibt Leute, die sich wundern, warum er hiergeblieben ist, nach allem, was passiert ist, vor allem, was seine Ehe mit Bettina betrifft. Sie hat nicht nur ein Buch über die gemeinsame Zeit veröffentlicht, in dem Dinge über ihn stehen, die niemand über sich lesen möchte, sie hat ihn auch zweimal verlassen. Aber für Wulff kam es nie infrage, woanders hinzuziehen, er hätte es als Flucht empfunden. Wenn er von Bettina Wulff spricht, sagt er immer noch »meine Frau«.

Die Romanistin Natascha Ueckmann, Wulffs jüngere Halb-
schwester, kann das erklären, sie sagt: »Wir haben eine kompli-
zierte Familiengeschichte. Christian hat sich sehr früh etwas sehr
Vernünftiges zugelegt, was auch mit dem Chaos in unserer Familie
zu tun hatte. Er hat sich immer gefragt: Wie behält man einen kla-
ren Kopf auf schwankendem Boden?«

Christian Wulff war zwei Jahre alt, als sich seine Mutter von seinem Vater trennte, danach war die Familie gespalten in zwei feind-
liche Lager. Wulffs ältere Schwester Elisabeth zog später zum Vater,
Wulff blieb bei der Mutter. »Unsere Familie war alles andere als in-
tegrativ, sie war von Spaltung geprägt«, sagt Ueckmann. »Christian
musste seinen Vater heimlich sehen.« Deshalb sei Christian eine
enge Beziehung zu seinen Kindern so wichtig.

Er entdeckt jetzt Dinge, mit denen er früher eher wenig zu tun
hatte, er schaut Videos auf YouTube und bestellt einen Schlafanzug
auf Amazon, und wenn er seinem Sohn bei den Mathematikaufgaben helfen will, klickt er auf lehrer-schmidt.de.

»Kennen Sie Lehrerschmidt?«, fragt Wulff. »Wenn Sie auf You-
Tube ›Multiplizieren mit Kommata‹ eingeben, stoßen Sie auf Leh-
rerschmidt. Er denkt sich eine Aufgabe aus: 0,3677 mal 4028,3765.
»Wo kommt das Komma dann hin?«, fragt er. »Wissen Sie, wie die
Regel lautet?«

Als Christian Wulff 2010 als Kandidat der Regierungskoalition
gegen Joachim Gauck antrat, sagte ihn der damalige SPD-Partei-
chef Sigmar Gabriel: »Joachim Gauck bringt ein Leben mit in seine
Kandidatur und in sein Amt, und der Kandidat der Koalition bringt
eine politische Laufbahn mit.« Nach Wulffs Sturz bereute Gabriel
den Satz. Man konnte das auch als Mitleid verstehen. Aber für
Wulff war der Sturz eine Chance: Er machte aus einer Laufbahn
ein Leben.

Es ist spät geworden, wir sind inzwischen beim Sprudel.

Er erinnert sich an einen der ersten Tage nach seinem Rücktritt
als Bundespräsident. Damals sei er mit einer Freundin nachmittags
zum Squash verabredet gewesen. Er versicherte ihr: »Wir brauchen

nicht buchen, wir gehen einfach hin.« Aber dann seien alle Plätze vergeben gewesen.

Er stand damals vor einem der Mitarbeiter der Sporthalle, und so wie sich Wulff erinnert, verlief die Unterhaltung folgendermaßen:

Wulff: »Wo kommen die Leute alle her?«

Mitarbeiter: »Ja, wieso? Wir sind tagsüber ausgebucht.«

Wulff: »Das kann doch gar nicht sein. Ich arbeite seit dem Abitur, und ich wäre gar nicht auf die Idee gekommen, außer am Abend oder am Wochenende Squash zu spielen.«

Da habe er gemerkt, dass es offenbar ein Leben außerhalb der Politik gebe.

Er erzählt noch vergnügt von den verschiedenen Gerichten, die er inzwischen kocht: Fertiggerichte von Frosta, Lachsnudeln, Hähnchen-Curry, Nasi Goreng, Hackbällchen mit Nudeln, von denen er sagt, sie könnten es mit den Köttbullar von IKEA aufnehmen, und von den kleinen Konflikten, die er darüber mit seinem Sohn Linus hat. Ich will ihn nicht länger vom Einkaufen abhalten. Als ich aufstehe, sagt er, er habe sich immer noch nicht entschieden, ob er zu Edeka oder zu Aldi gehen werde.

Schokoladenseite
Pralinen selber machen mit Anton Hofreiter

Als Fraktionsvorsitzender von
Bündnis 90 / Die Grünen vertritt er
eine Partei, die gern Verzicht fordert.
In der Schokoladenküche genießt er
ohne schlechtes Gewissen.

Lange bevor ich mit Anton Hofreiter in der Pralinenküche stehe, bin ich mit ihm für einen Ausflug in die österreichischen Alpen verabredet. Er will mir seine Lieblingswanderstrecke von Kufstein aus zum Anton-Karg-Haus zeigen, zwischen dem Zahmen Kaiser und dem Wilden Kaiser gelegen. Es ist eine Wanderung von 499 auf 829 Meter über dem Meeresspiegel, den Kaisertal-Rundwanderweg entlang, eine Strecke, von der er sagte, man könne sie gemütlich in drei, vier Stunden zurücklegen.

Es ist Sonntag, der 17. Juni 2018, der Tag, an dem für die deutsche Fußballnationalmannschaft mit dem Spiel gegen Mexiko die Weltmeisterschaft in Russland beginnt, als ich Hofreiter um sieben Uhr morgens von seiner Wohnung in Unterhaching bei München mit meinem Mietwagen abhole, um zusammen nach Kufstein aufzubrechen. Ich klingele, er kommt runter, wir fahren sofort los, die A8 nach Kufstein, 84 Kilometer, 51 Minuten ohne Stau. Um acht Uhr beginnen wir unsere Wanderung. Zum Fußballspiel um 17 Uhr will ich wieder zurück in Berlin sein. Meine Tochter wartet auf mich, die selbst Fußball spielt und unbedingt das Spiel mit mir schauen möchte. Und wir haben Gäste eingeladen.

Hofreiter hat auch mal Fußball gespielt, sagt er, als Schüler war er Torwart, angeblich sogar ein guter, aber Fußball aus der Perspektive des Fernsehzuschauers interessiert ihn deutlich weniger. Als er ei-

nige Wochen vor dem Spiel den Wandertermin vorschlug, hatte ich gar nicht an die WM gedacht und spontan zugesagt. Worauf Hofreiter entgegnete: »Ich warne Sie: Das ist der Tag, an dem das Deutschland-Spiel ist.« Ich fühlte mich ertappt, wollte mir aber nichts anmerken lassen. Es würde knapp werden, müsste aber klappen.

»Okay«, sagte ich zu Anton Hofreiter, »ich muss nur um 15 Uhr meinen Flug bekommen. Ich habe noch einen Termin.«

Der erste Anstieg ist schweißtreibend, aber nicht wahnsinnig lang, vielleicht zwanzig Minuten, ich habe höchstens ein bisschen Durst, aber keinesfalls Hunger, als vor uns der Gasthof Veitenhof auftaucht. Hofreiter sieht ihn und schlägt vor, schnell »was Kleines« zu frühstücken.

Ich hatte, kurz bevor ich Hofreiter in Unterhaching abholte, an einer Tankstelle gefrühstückt. Auch um unnötige Verzögerungen zu vermeiden.

Aber das sage ich nicht.

Ich sage: »Einverstanden, gern.« Ein Rührei geht schließlich immer. Was Kleines.

Wir setzen uns auf die Terrasse, der Kellner begrüßt Hofreiter mit dem Satz »Was macht die Politik?« und legt uns die Speisekarte hin.

»Ich komme öfter hierher«, erklärt Hofreiter.

Er bestellt zwei Spiegeleier mit Speck, eine große Orangensaftschorle und einen Tee; und mir wird klar: So schnell kommen wir hier nicht weg.

Aber noch haben wir ja viel Zeit.

Es gibt ein bestimmtes Bild von Anton Hofreiter, das in zahlreichen Porträts über ihn immer wieder beschworen wird, das eines Mannes, der als letzter deutscher Spitzenpolitiker noch lange Haare trägt, eine dünne, blonde Matte, die ihm bis zu den Schultern reicht und ein bisschen an die guten alten Zeiten erinnert, als eine solche Frisur noch als Symbol für politischen Widerstand galt und die Grünen als radikale Partei. Ein domestizierter Wilder also, harmlos, ehrlich, possierlich, manchmal auch ein bisschen tapsig, aus der Zeit gefallen.

Er geht gerne auf Wanderungen und lässt sich dabei auch immer wieder von Journalisten begleiten, entlang der renaturierten Isar, entlang der renaturierten Donau, in den Tiroler Alpen. Er bleibt dann entzückt vor Pflanzen stehen, die nur wenige Menschen erkennen würden, geschweige denn je davon gehört haben; vor Zirbelkiefern, Schneeheiden, Leberblümchen. Er referiert mit Leidenschaft über die Eibe als »zentraler Machtfaktor«, über die »Urkirsche«, von der alle Kirscharten abstammten, über »Ureichen« oder Schachtelhalme als »lebende Fossilien«. »Schaut's alle mal her«, ruft er, wenn er einen entdeckt. »Schachtelhalm!«

Er hat Biologie in München studiert und über die sogenannte Inkalilie promoviert. Der Titel seiner Dissertation aus dem Jahr

2003 lautet: »Die infragenerische Gliederung der Gattung *Bomarea* Mirb. und die Revision der Untergattungen *Sphaerine* (Herb.) Baker und *Wichuraea* (M. Roemer) Baker (Alstroemeriaceae)«. Für Laien nahezu unverständlich. Er redet gern über Artenvielfalt und die fünf »Aussterbe-Katastrophen«, wie er das nennt, die es in der Geschichte der Erde schon gegeben hat. Über 30 Prozent aller Tier- und Pflanzenarten stünden derzeit auf der roten Liste der vom Aussterben bedrohten Arten, der Auerochse etwa, aber auch das schwimmende Hausschwein, das er einmal im Tierpark Arche War- der besichtigte, einem Zentrum für alte Haus- und Nutztierrassen.

Er erfüllt perfekt das Klischee vom grünen Nerd.

Wenn er von seiner Studienzeit erzählt, dann auch von seinen zahlreichen Reisen durch Südamerika, wie er sich im Regenwald auf die Suche nach der Inkalilie und anderen Pflanzen machte und nur hin und wieder in einem Goethe-Institut auftauchte, um eine deutsche Zeitung zu lesen. Es sind Geschichten, in denen er in Hän- gematten liegt, sich mit Moskitonetzen schützt, von Brüllaffen ver- folgt wird und manchmal auch um sein Leben bangt.

Eine seiner liebsten Abenteuergeschichten spielt in Bolivien, wo er auf der Suche nach einer Inkalilie von einem Felsvorsprung ab- rutschte und nur überlebte, weil sich sein Fuß in einem Strauch ver- fing, der ihn festhielt. Er legte sich danach hin und schlief 24 Stun- den lang. Ein anderes Mal, in der Nähe der peruanischen Stadt Ayacucho, standen ihm fünf Banditen gegenüber, die ihm seine Fotokameras abnehmen wollten.

Er hatte bei seinen Urwaldreisen immer allerhand dabei, unter anderem ein scharfkantiges Stemmeisen, das er gewöhnlich zum Ausgraben von Pflanzen benutzte. Er hielt es dem Anführer der Banditen so lange entgegen, bis dessen Jungs von ihm abließen.

Wenn er unterwegs war, wurde es jedenfalls nie langweilig, es passierten Dinge, die man ihm nicht zugetraut hätte. Deshalb freue ich mich auch, dass wir zusammen in die Berge gehen.

Vom Gasthof Veitenhof dauert es gute eineinhalb Stunden, bis wir am Anton-Karg-Haus sind. Man hat von dort aus einen wunder-

baren Blick auf die Kaiserberge, den Zahmen Kaiser auf der linken, den Wilden Kaiser auf der rechten Seite.

Aber Hofreiter hat schon wieder ein Gasthaus im Blick.

Diesmal den Gasthof Hinterbärenbad, der zum Anton-Karg-Haus gehört.

»Wir können ja hier was trinken«, sagt Hofreiter.

Er bestellt ein Zitronenkracherl (einen halben Liter Zitronenlimonade) und einen Eisbecher mit heißen Himbeeren und Sahne, der auch hier oben »Heiße Liebe« genannt wird. Ich schließe mich an: ebenfalls »Heiße Liebe«, dazu aber eine große Flasche Wasser.

»Nullsiebenfünf?«, fragt der Kellner. Einen Dreiviertelliter?

Schokoladenseite

Ich nicke.

»Och«, sagt Hofreiter, »dann bringen Sie mir doch auch noch ein Glas dazu.«

Wir brechen auf. Jetzt müssen wir noch bergab zum Auto zurück.

Aber es stimmt, was in vielen Porträts über ihn zu lesen ist: Er bleibt tatsächlich andauernd stehen, wenn er eine seltene Pflanze oder ein Tier entdeckt. Er zeigt mir die Türkenbundlilie, Frauenschuh, Wollgras. Eine Graslilie. Eine Feuerlilie. Und, weiter weg, ein rotes Waldvöglein.

Er erzählt vom »großen Wunder«, dass die Erde so schön grün sei und trotzdem nicht kahlgefressen, weil die Pflanzen ja vor ihren Feinden nicht weglaufen könnten. Und warum er in den Neunzigerjahren Biologe studieren wollte: »Die Neunzigerjahre waren eine unglaublich euphorische Zeit«, sagt Hofreiter, »man hatte die DNA entschlüsselt und geglaubt, man könne alle Krankheiten besiegen: Krebs, HIV, Autoimmunerkrankungen. Es gab einen unglaublichen molekularbiologischen Aufbruch.« Da wollte er dabei sein, wie übrigens auch sein Bruder Michael, der Evolutionsbiologe wurde und heute als Professor für Allgemeine Zoologie und Evolutionäre adaptive Genomik an der Universität Potsdam lehrt. Auch sein Bruder stünde häufiger mal in der Zeitung, bei ihm ginge es meist um Dinosaurier oder um die Frage, ob Neandertaler blond oder rothaarig gewesen seien.

Die Zeit verfliegt. Wir sind schon fast wieder in Kufstein, als vor uns abermals der Gasthof Veitenhof auftaucht, wo wir am Morgen gefrühstückt hatten.

Hofreiter schaut mich an.

»Hier können wir uns kurz die Pfoten waschen«, sagt er.

Ich bin mir nicht sicher, ob wir noch genug Zeit haben. Ich erinnere ihn an meinen Flug.

»Och«, sagt Hofreiter, »wir sind ja gut in der Zeit. In zwanzig Minuten sind wir unten. Das schaffen wir locker.« Der Gasthof, der sich »das Gasthaus im Kaisertal« nennt, ist die letzte Möglichkeit vor dem Parkplatz, um einzukehren. Es gibt hier traditionelle

Tiroler Spezialitäten, Speck, Gröstl, Kaiserschmarrn, Schlutzkrapfen und Pressknödelsuppe.

Es ist der Moment, in dem ich eigentlich hätte sagen müssen, nein, lieber Herr Hofreiter, lassen Sie uns lieber absteigen und zurückfahren, man weiß doch nie bei der A8, aber dann schaut er mich mit seiner unendlichen Friedfertigkeit an, und ich denke mir: Warum nicht?

»Wir sind wieder da«, verkündet Hofreiter, als wir die Terrasse betreten und ihm der Kellner entegenkommt.

Er bestellt ein Radler mit naturtrübem Bier, dann fällt sein Blick auf die Speisekarte.

»Die Kasknödeln sind gut«, sagt er.

Er geht die Karte durch, eigentlich, sagt er, schmecke hier alles gut, »die Kasspatzen, das Rehgulasch«. »Wenn Sie kein Vegetarier sind, dann kann ich das Rehgulasch nur empfehlen.«

Ich bin kein Vegetarier, aber ich habe jetzt keine Lust auf Gulasch.

Hatten wir nicht gerade gegessen?

Ich bestelle mir eine Käseplatte mit Brot; Hofreiter eine Portion Käseknödel mit Wildragout.

Es dauert ein wenig, bis das Essen kommt.

Ich traue mich nicht mehr, auf die Uhr zu schauen.

Als ich meine Käseplatte aufgegessen habe – ohne besonderen Appetit –, entschuldige ich mich kurz, ich müsse mir die Hände waschen. Als ich zurückkomme, steht er auf und sagt: »Wir müssen los.«

Nun wirkt er plötzlich ein bisschen nervös.

Es stellt sich heraus, dass es einen Unfall auf der A8 gegeben hat, Vollsperrung, schlimmer kann es nicht kommen. Es gibt auf dem Weg zum Flughafen keine wirkliche Alternative zur Autobahn, nur Landstraße über die Dörfer.

Wir steigen die letzten Meter zum Parkplatz im Stechschritt ab, Hofreiter, der jedem, der ihm bisher entgegenkam, ein »Servus« zurief, winkt nur noch flüchtig, wenn ihn jemand grüßt. Als wir endlich am Auto ankommen, sagt er, er müsse noch schnell sein T-Shirt wechseln. »Erinnern Sie mich nachher an mein stinkendes T-Shirt«, bittet er und erklärt: »Jetzt ist es ja nur frisch verschwitzt, zu stinken fängt es erst später an.« Aber ich finde das nicht mehr witzig, ich denke nur noch an meinen Flug.

Er versucht alles, um dem Stau zu entkommen, sucht auf Google Maps nach Umgehungen über die Landstraße, aber auch die sind schon überfüllt, irgendwann stecken wir endgültig fest.

Hofreiter versucht es mit einer Konversation.

Er: »Müssen Sie von Berlin noch weiterfliegen?«

Ich: »Nein. Ich muss nur nach Berlin.«

Er: »Wenn ich fragen darf: Ist das ein unaufschiebbarer Termin?«

Ich: »Ja.«

Er: »Dienstlich?«

Ich: »Privat.«

Er: »Frau oder Freundin?«

Ich: »Tochter.«

Er: »Wie alt?«

Ich: »17.«

Er: »Ach so.«

Er kann nichts dafür. Aber jetzt bin ich wirklich sauer. »17, ach so.« Was will er damit eigentlich sagen? Dass meine Tochter alt genug ist, um ohne mich klarzukommen?

Wir sitzen noch lange im Auto zusammen, es ist eine quälende Fahrt.

Irgendwann, kurz vor Unterhaching, ruft Hofreiter seine Freundin an, die in München auf ihn wartet. Er wollte sie eigentlich kurz treffen, bevor er um 16 Uhr den ICE nach Berlin nimmt, aber auch dafür ist es nun zu spät. »Hey du«, meldet er sich, er sagt das immer wieder, dieses liebevolle »Hey du«, erzählt ihr kurz von der Wanderung und dem Stau, in dem wir gerade stecken, und schließlich von dem Flug, den ich verpassen werde – ebenso wie das Spiel und meine Gäste, aber das weiß er ja nicht. Bevor er auflegt, sagt er: »Das Porträt über mich wird jetzt sicher ganz schlimm.«

Zutaten

Frage: Wie nennen Sie Ihre Sorte Bart?
Hofreiter: Mein Bart? Das ist halt ein Bart.
Zeit-Magazin, 26. Juni 2014

Ein paar Tage nach unserer Bergtour hatte ich ihn gefragt, ob wir uns noch einmal sehen könnten, diesmal ohne Wanderung, direkt in der Küche. Ich habe gelesen, dass er Pralinen liebt, das Ideal von gehobenem Genuss. Und sie auch noch gern selber macht.

Er sagte mir damals, das sei kein Problem, Pralinen mache er allerdings nur im Winter, am liebsten in der Vorweihnachtszeit, und so vergingen eineinhalb Jahre, bis wir uns am 3. Dezember 2019 endlich im Münchner Stadtcafé gegenübersitzen. Wir wollten eigentlich noch eine Tasse Kaffee zusammen trinken, aber diesmal ist er es, der auf die Uhr schaut, es eilig hat, wir müssen sofort los.

In München stehen Kommunalwahlen bevor, und Anton Hofreiter will mit Katrin Habenschaden, der grünen Oberbürgermeisterkandidatin, Pralinen herstellen. Die Münchner Grünen haben dazu 25 potenzielle Wählerinnen und Wähler eingeladen, die per Los bestimmt wurden. In der Bäckerei & Konditorei Alof im Glockenbachviertel dürfen sie nun Hofreiter treffen.

Wir müssen davor nur noch die Zutaten für sein Orangentrüffelrezept einkaufen. In einem Interview hat er einmal verraten, dass Orangentrüffel seine Lieblingspralinen sind. Die Zutaten für alle anderen Pralinen, sagt er, hätten schon seine Mitarbeiter besorgt.

»Wir wollen fair gehandelte Schokolade kaufen«, sagt Hofreiter.

Im Supermarkt greift Hofreiter sich einen der Einkaufskörbe und steuert die Kühltheke an.

Er braucht einen halben Liter Sahne. Bio-Sahne. Er kauft immer nur Bio.

Er ist in der Nähe von München aufgewachsen, sein Vater war Maschinenschlosser, auf dem zweiten Bildungsweg brachte er es zum Ingenieur. Geld, sagt Hofreiter, habe es nicht im Überfluss ge-

geben, war aber auch nie knapp. In seiner Familie sei es schon immer wichtig gewesen, keine Massenware zu konsumieren, sondern qualitativ hochwertige Produkte, was damals, als er ein Junge war, schwieriger als heute gewesen sei. Bio-Supermärkte habe es genauso wenig gegeben wie ein Label für einen garantiert ökologischen Anbau.

In seiner Familie machten sie deshalb so viel wie möglich selbst: Apfelsaft, Brot, Marmelade, getrocknete Früchte, Weihnachtsplätzchen. Sie hätten zu Hause einen Gemüsegarten gehabt und zwei große Tiefkühltruhen, sagt Hofreiter. Als er zehn oder elf Jahre alt war, sagt er, wollte er seinen eigenen Weg gehen, er habe sich gefragt: »Was wurde in dieser Familie noch nicht selbst gemacht?«

Schokoladenseite

So sei er auf Pralinen gekommen. Seitdem gebe es eine klare Aufteilung, die ihm in der Familie niemand streitig mache: Sein Vater backt Plätzchen, Pralinen macht er.

Anton Hofreiter hat keine großen Vorbilder, er wollte nie wie jemand anderer sein, in seiner Familie nicht, aber auch nicht in seiner Partei. Er hat sich seine Frisur bewahrt, seinen bayerischen Dialekt, er sagt: krass, abartig, geil, obwohl er schon fünfzig ist, er trägt keine Pullis, nur Hemden, hat noch nie ein eigenes Auto besessen, ist bockig wie ein Kind, wenn ihm etwas nicht passt, und flippt im Bundestag gern mal aus, wenn Alice Weidel am Rednerpult steht oder Christian Lindner. Seine »Ausraster« schaffen es dann manchmal sogar in die »Tagesthemen«. Jürgen Trittin, sein Förderer, hat einmal sehr onkelhaft über ihn gesagt, er sei ein »Rohdiamant, der noch geschliffen werden muss«.

Aber vielleicht muss er gar nicht geschliffen werden, auch wenn er sich nicht immer eloquent ausdrückt und gelegentlich einfriert, wenn Kameras auf ihn gerichtet sind. Seine ungekünstelte Art, seine polternden Auftritte, frei vom Anschein der Imagepolitur, sind vielleicht sein eigentlicher Trumpf, der Grund für seine Glaubwürdigkeit.

Nichts wirkt geplant, auch seine Karriere nicht, die damit begann, dass er mit 16 Jahren zu seiner ersten Demonstration ging, der sogenannten Pfingstschlacht 1986 in Wackersdorf, bei der es gegen die dort geplante Wiederaufarbeitungsanlage für Brennstäbe ging. Er wurde danach Mitglied der Grünen, verbrachte viele Jahre in der Kommunal- und Landespolitik, wurde 2005 in den Deutschen Bundestag gewählt, war zunächst grüner Obmann im Verkehrsausschuss und verkehrspolitischer Sprecher seiner Fraktion, dann, ab Juni 2011, Vorsitzender des gesamten Verkehrsausschusses, bis er im Oktober 2013 zum Fraktionsvorsitzenden von Bündnis 90 / Die Grünen gewählt wurde, dem ersten und bisher einzigen Spitzenamt seiner Karriere.

Es gibt Parteifreunde, die behaupten, Anton Hofreiter sei nur deshalb so plötzlich von einem einfachen Abgeordneten zum Fraktionsvorsitzenden aufgestiegen, weil es sonst niemanden gab, auf den sich die Fraktion habe verständigen können, der kleinste gemeinsame Nenner einer Partei, die größer geworden ist, ein Lückenfüller. Aber vielleicht ist er vielmehr der perfekte Vertreter einer Partei, die niemanden mehr verschrecken will, ihr neues, wahres Gesicht.

Im Supermarkt hat er sich das mit dem halben Liter Sahne noch mal überlegt: Er braucht eine zweite Flasche, er nimmt von allem lieber das Doppelte, damit nachher niemand mit zu wenig Pralinen nach Hause geht.

Er hat auch schon das Orangenöl und die Kuvertüre im Einkaufskorb, jetzt muss er noch die Bio-Schokolade einpacken. Er steht vor dem Schokoladenregal und zählt die Tafeln.

»Eins, zwei, drei, ...«

Er hört gar nicht mehr auf.

»Sechzehn!«, ruft er schließlich.

»Und das war jetzt nur für die Orangentrüffel.«

Zubereitung

Frage: »Was haben Sie mit Angela Merkel gemein?«
Hofreiter: »Das naturwissenschaftliche Denken.«
DER SPIEGEL, 10. Oktober 2018

Die Bäckerei Alof ist weihnachtlich geschmückt, Kränze, Schokoladennikoläuse. Als Hofreiter die Schokoladennikoläuse sieht, fällt ihm eine Geschichte ein, die er vorher im Bio-Supermarkt vergessen hatte zu erzählen: »Jetzt weiß ich wieder, wie ich darauf gekommen bin, Pralinen selber zu machen«, sagt er. »Als ich zehn oder elf Jahre alt war, haben wir so viele Schokoladennikoläuse geschenkt bekommen, dass die ganze Vorratskammer voll davon war. Und dann dachte ich mir: Wir machen was Sinnvolles damit, wir schmelzen sie ein und machen Pralinen daraus.« Er ist erleich-

tert, dass ihm das noch rechtzeitig eingefallen ist. Recycelte Weihnachtsmänner, eine grüne Weihnachtsgeschichte.

Hofreiter wendet sich den Schokoladentafeln zu, die er auf einem der Hochtische aufeinandergestapelt hat; einer seiner Mitarbeiter hat noch ein paar Tafeln hinzugefügt, für die anderen Pralinen. Hofreiter zählt noch einmal durch.

»Zwoahalb Kilo«, stellt er fest.

Die Zeiten, in denen die Grünen in gutbürgerlichen Kreisen Angst vor gesellschaftlichem Umsturz verbreitet haben, sind lange vorüber. Die Alten, die einmal das Bild der Partei prägten, sind abgetreten, Joschka Fischer, der ehemalige »Steinewerfer«, ist Privatier und Geschäftsmann, und Jürgen Trittin, der ehemalige Kommu-

nist, nur noch einfacher Abgeordneter. Die neue Parteispitze mit Annalena Baerbock und Robert Habeck ist wohnzimmertauglich, vielseitig, volksparteifähig, sie passt in den deutschen Mainstream ebenso wie Katrin Göring-Eckardt, Hofreiters Ko-Vorsitzende der Grünen Bundestagsfraktion. Und vor Hofreiter muss sowieso niemand Angst haben, trotz seiner Haare.

Im Sommer 2018, kurz vor unserer gemeinsamen Wanderung in den Tiroler Alpen, treffe ich Hofreiter zu einem Gespräch in der Cafeteria des Bundestags. Ich will mit ihm über modernes Regieren reden und ob es so etwas gibt wie »weibliches Regieren«. Er bestellt sich erst einmal einen frisch gepressten Orangensaft und einen Erdbeerbecher mit Sahne, und dann, als er den Eisbecher gegessen und den Orangensaft getrunken hat, noch einen Kamillentee. Als sich der Kellner wieder entfernt, sagt Hofreiter: »Ich hab für viele Leute 'ne ungewöhnliche Leidenschaft. Ich trinke gern Kamillentee. Kamillentee schmeckt mir wirklich.«

Womit wir eigentlich schon beim Thema sind: Wer bestellt ohne Grund und dann noch an einem heißen Sommertag einen Kamillentee? Männliches Regieren, im klassischen Sinn, lebt von Statussymbolen, von Machtdemonstrationen, ist protzig, laut, selbstgefällig, paternalistisch.

Kamillentee gehört nicht dazu.

Schokoladenseite

Ich frage ihn, ob es so etwas wie »weibliches Regieren« gibt. Seit 2005 regiert Angela Merkel die Bundesrepublik, als erste Frau nach sieben Männern. Merkel verkörpert in vielerlei Hinsicht das Gegenteil ihres Vorgängers Gerhard Schröder, des typisch männlichen Regierens. Merkel ist nicht laut, sondern leise, sie ist sachlich, nüchtern, bescheiden, unprätentiös, dennoch bestimmt, und wenn sie etwas durchsetzt, dann auf genau diese Art.

Anton Hofreiter denkt nach.

In seinem aktiven politischen Leben habe er nur drei Kanzler erlebt, sagt er. Kohl. Schröder. Merkel. »Zwei Männer und eine Frau: Das ist definitiv eine zu geringe Grundgesamtheit.«

Er erinnert daran, wie Frank-Walter Steinmeier im Wahlkampf 2009 an Merkel verzweifelte. »Männer sind zu sehr mit Gorillaverhalten beschäftigt«, sagt Hofreiter. Merkel habe es geschafft, dieses Verhalten lächerlich zu machen, was aber keineswegs heiße, sie würde darauf verzichten, selbst im Mittelpunkt zu stehen. »Merkel geht sehr geschickt mit Statussymbolen um«, sagt Hofreiter, »beachten Sie Fotos auf Gipfeln, da steht Merkel mit Quietschbuntem dazwischen. Wenn das nicht eine kluge, bewusste Inszenierung ist.«

Man muss sich nicht wie Schröder verhalten, um aufzufallen, was sich gut auch auf Anton Hofreiter übertragen lässt: Verglichen mit Göring-Eckardt, Baerbock oder Habeck ist Anton Hofreiter derjenige, der quietschbunt ist.

In der Bäckerei Alof ist es inzwischen voll geworden, Hofreiter organisiert das Wasserbad, in dem die Schokolade geschmolzen wird, den Mixer, mit dem die Sahne geschlagen wird, das Reibeblech für die Pistazien, Backpapier und Puderzucker. Ihm ist immer wieder wichtig zu betonen, dass Pralinen selber machen ein Hobby für jedermann ist, kein Hobby, für das man viel Geld oder teure Spezialgeräte braucht. »Habt's ihr a Spritzpistole, die ganz einfachen sind die besten, kosten zehn Euro«, ruft Hofreiter in die Runde. Ein paar Minuten geht alles noch ein wenig durcheinander in der Bäckerei, aber irgendwann stehen alle an ihren Plätzen.

Hofreiter bittet um einen Moment Ruhe, damit er etwas sagen kann, zur Einstimmung auf einen lustigen Abend.

»In der Küche gibt es keine Demokratie«, sagt er. »Ihr müsst jetzt einfach tun, was ich sage.«

Genuss

Frage: Kennen Sie eigentlich das Gefühl, sich als Verbraucher schuldig zu fühlen? Angenommen, Sie würden bei McDonald's essen ...
Hofreiter: Mir schmeckt es da nicht.
Rheinischer Merkur, 2. Februar 2017

Er steht neben dem Wasserbad, das 45 Grad erreicht hat, die ideale Schokoladenschmelztemperatur. »Zack, die ganze Schokolade rein«, sagt Hofreiter, »zack!«

Die Schokolade schmilzt, und Hofreiter geht von Tisch zu Tisch, um zu beaufsichtigen, wie die Butter schaumig geschlagen und die flüssige Sahne mit der geschmolzenen Schokolade vermischt wird, er sorgt dafür, dass die Schokolade rechtzeitig aus dem Wasserbad genommen und so lange gerührt wird, bis sie wieder erkaltet ist.

Um daraus Tonis Weinbrandwürfel zu machen, muss sie gerade noch flüssig sein. Der Puderzucker muss dann noch mit der Butter vermengt, der Weinbrand dazugegeben und die fertige Masse auf ein mit Backpapier ausgelegtes Blech gegeben werden, um dort abzukühlen.

Hofreiter wendet sich der Sahne-Schokoladen-Mischung für die Orangentrüffel zu.

»Je mehr Sahne man nimmt«, ruft er durch die Bäckerei, »desto geschmeidiger wird es.«

Hofreiter gehört dem linken Parteiflügel an, den sogenannten Fundis. Aber linker Dogmatismus ist ihm fremd. Er war anders als viele Parteifreunde nicht gegen den internationalen Militäreinsatz

2011 in Libyen. Er fährt Ski auf dem Gletscher in Hintertux. Und als die Partei 2010 über den sogenannten Veggieday diskutierte, einen fleischfreien Tag in Kantinen, bekannte er sich zu seiner Vorliebe für gute Steaks. Wenn Hofreiter überhaupt einmal radikal klingt, dann weil er Vorschriften nicht leiden kann, etwa die Fahrradhelmpflicht, selbst beim Skifahren weigert er sich, einen Helm zu tragen.

Er ist wie kein anderer in seiner Partei. Aber er tut auch niemandem weh; er klingt dann eher wie ein Vertreter der FDP als ein linker Grüner.

2016 hat Hofreiter ein Buch über Fleischkonsum geschrieben, *Fleischfabrik Deutschland*, in dem er die Massentierhaltung kritisierte, aber das Buch sorgte auch vor allem deshalb für Interesse, weil sich Hofreiter darin als leidenschaftlicher Fleischesser präsentierte, der in seiner Jugend schon Schweinehälften zerlegt hat. Sein Buch stellte er damals zusammen mit dem damaligen Kanzleramtsminister Peter Altmaier vor, von dem er sagte: »Erst vor ein paar Tagen habe ich mit Peter ein gutes Steak gegessen, in einem Laden, wo es auch um das Tierwohl geht«, worauf Altmaier vom »Filet mit Anton« schwärmte.

»Sünde ist ja ein christliches Konzept«, hat er einmal in einem Interview gesagt. »Ich bin Naturwissenschaftler. Und Genussmensch. Übrigens: Keiner kann immer ethisch 100 Prozent korrekt handeln.«

Er findet zwar, dass wir uns als reiche Gesellschaft viel zu wenig Gedanken über Produkte machten, die wir insbesondere »aus Ländern des globalen Südens« importierten, zum Beispiel den Kakao für die Schokolade, die man zum Pralinenmachen brauche. Deshalb kaufe er ja nur fair gehandelte Schokolade. Wenn das alle machen würden, hätte man kein Problem mehr. Aber das will er nicht verlangen, er mag keinen Zwang, obwohl Schokolade ja »nicht das klassische Grundnahrungsmittel« sei, das man täglich kiloweise esse, der höhere Preis also nicht so sehr ins Gewicht falle wie bei anderen Lebensmitteln. Aber das Recht, sich frei zu entscheiden, will er den Verbrauchern nicht nehmen; das gehöre für ihn zur Demokratie.

Er hat dafür eine ganz andere Lösung, das sogenannte Lieferkettengesetz.

Es ist ein Gesetz, mit dem Unternehmen dazu verpflichtet werden sollen, für Schäden an Mensch und Umwelt, die durch ihre Produkte verursacht werden, zu haften, ein Gesetz also, das dem Verbraucher die Verantwortung für eine bessere Welt abnehmen soll. »Wir setzen den Ordnungsrahmen«, sagt Hofreiter, »mit dem ethisches Handeln leichter gemacht wird.« Es ist ein Gesetz ganz nach seinem Geschmack: Für eine Welt ohne schlechtes Gewissen und ohne Verzicht.

Er steht vor dem Blech mit den Weinbrandwürfeln, 1,5 Zentimeter mal 1,5 Zentimeter breit, laut seinem Rezept. Sie müssen nur noch mit Kakaopulver bestäubt werden, dann sind sie fertig, aber Hofreiter greift schon mal zu.

Dann schaut er die Frau an, die neben ihm steht.

Sie soll auch mal »Weinbrandwürfel à la Hofreiter« probieren.

»Kann man's essen?«, fragt er.

Dolce Vita
Vespafahren mit Julia Klöckner

Als Bundeslandwirtschaftsministerin hat

die CDU-Politikerin einen schweren Stand.

Auf der Vespa sitzt sie mit demonstrativer

Leichtigkeit.

Mein lieber Mann!«, sagt Julia Klöckner, als sie auf dem Parkplatz des Freiluftinhalatoriums Salinental in Bad Kreuznach von ihrem Roller absteigt, »Sie sind ja mit der Roten da.« Die »Rote« ist eine Vespa, die ich am Morgen bei ihrer Freundin ausgeliehen habe; Julia Klöckner ist ebenfalls mit der Vespa gekommen, gleiches Modell, aber andere Farbe, einer Vespa Primavera 50 2T in Braun metallic. Mehr als sieben Jahre fährt sie die schon.

Es war ihre Idee, sich in Bad Kreuznach zum Vespafahren zu verabreden. Sie ist dort zu Hause, ganz in der Nähe, im Dorf Guldental, rund sieben Kilometer entfernt, ist sie aufgewachsen; in Bad Kreuznach besuchte sie das Gymnasium, sie hat bis heute eine Wohnung hier, die sie nutzt, wenn sie nicht in Berlin sein oder reisen muss. Hier in der Region wohnen ihre alten Freunde und ihre Familie, ihr Bruder Stephan hat den Betrieb des Vaters, das Aloys Klöckner Weingut, übernommen. Und Mülheim-Kärlich, wo ihr Mann Ralph Grieser wohnt und einen Oldtimerhandel führt, ist auch nur eine Autostunde entfernt.

Alles scheint easy hier, vor allem, wenn man Vespa fährt.

Die Vespa, sagt Klöckner, sei für sie eine »Leidenschaft«, weil das Leben mit ihr einfacher und schöner sei. Auf der Vespa sei sie an der Luft, und in Bad Kreuznach gäbe es ja »tolle Luft«, vor allem aber fände sie mit der Vespa stets problemlos einen Parkplatz.

Eine eher ungewöhnliche Definition von »Leidenschaft«.

»So«, sagt sie, »da nehm ich Sie heute also mal mit, um Ihnen ein bisschen meine Heimat vorzustellen.«

Vor ihr erheben sich die sogenannten Gradierwerke, neun Meter hohe Wände, an denen das Salzwasser herunterrieselt und salzhaltige Luft erzeugt, die gut für Haut und Atemwege sein soll, wie sonst bloß ein Aufenthalt am Meer. Ein besonderer Ort, nicht nur für Kurgäste, die hierherkommen, um die gute Luft einzuatmen.

Direkt dahinter liegt Julia Klöckners alter Sportplatz, ein Rasenfeld mit Tartanbahn. Als Schülerin habe sie hier Sportunterricht gehabt, am Inhalatorium, an der Quelle der guten Luft. »Hier haben wir unsere Läufe gemacht«, sagt sie, »100 Meter. 400 Meter. Kurz-

wie Langstrecke, nur keinen Marathon.« Sie erinnert sich gerne an diese Zeit, in der alles so wunderbar leicht war.

Easy eben.

In ihrer Freizeit habe sie damals auch Tischtennis gespielt, beim TV Guldental, als Spielführerin der ersten Damenmannschaft der Vereinsgeschichte. Sie denkt gerne an den Trainer und sein Auto zurück, in dem er sie alle ganz väterlich mit zu den Spielen nahm und in dem es Unmengen an Bonbons gab, mit denen er sich das Rauchen abgewöhnen wollte. Als sie vor wenigen Jahren bei seiner Beerdigung war, traf sie die alten Mannschaftskameradinnen und deren Familien wieder. Ein Vater überreichte ihr eine in Folie eingeschweißte Urkunde mit dem Endergebnis des Spiels ihrer Mannschaft gegen die TTSG Niederhausen als Erinnerung an den größten Erfolg ihrer Tischtenniskarriere.

»Ich habe das schnelle Spiel gemocht«, sagt Julia Klöckner, die langen Ballwechsel hätten ihr nicht so viel Spaß gemacht. Sie bevorzugte das Maximierungsprinzip: wenig investieren, viel rausholen, am besten gleich beim Aufschlag. Sie habe sich deshalb mal die Aufschlagtechnik zeigen lassen, wie Asiaten sie praktizieren. Asiaten hielten den Schläger anders, um die Bälle stärker anschneiden zu können. Das habe sie dann auch versucht, um ihre Gegner gleich zu Beginn des Spiels zu überraschen. »Auf Dauer muss man aber schon längere Ballwechsel spielen. Ich fand es lässig, wenn ich die ersten fünf Punkte einfach mal so hatte, bevor die Gegenspieler realisierten, wie sie meinen Aufschlag retournieren konnten«, sagt Klöckner.

Es war ein wirksames System: erst mal Eindruck machen, dann weitersehen.

»Wo kommen Sie her?«, fragt Klöckner.

»Aus Darmstadt«, sage ich.

»Ist ja auch nicht so schlimm«, meint Klöckner. »Da spielen doch die Lilien, der Fußballverein. Die haben es zu großem Ruhm gebracht, weil sie in die Bundesliga aufgestiegen sind. Nur das Stadion war doch zu klein, oder?«

»Die sind inzwischen schon wieder abgestiegen«, sage ich.

»Ich hab bewusst nur mitgekriegt, wie sie aufgestiegen sind«, sagt Klöckner.

Sie wendet sich ihrem Pressesprecher zu.

»Haben Sie ihn schon ein bisschen auf Bad Kreuznach vorbereitet?«

Ihr Sprecher erwähnt, dass wir am Morgen bereits zusammen in der Familienbäckerei Die Lohner's einen Kaffee getrunken haben, weil wir so früh aus Berlin gekommen waren.

Die Lohner's, ein schönes Stichwort für sie.

»Bei Lohner's«, sagt Klöckner, »mach ich einmal im Jahr was für einen guten Zweck, da krieg ich dann einen Stundenlohn von 1000 Euro, was gut ist, aber nicht für mich, sondern für die Ausbildungshilfe in Afrika. Da steh ich als Verkäuferin hinter der Theke.«

Seit März 2018 ist Julia Klöckner Bundesministerin für Ernährung und Landwirtschaft, es ist ihr erstes Ministeramt. Knapp neun Jahre lang war sie Abgeordnete im Bundestag (2002–2011), seit 2010 ist sie Landesvorsitzende der CDU Rheinland-Pfalz, sie war bei den rheinland-pfälzischen Landtagswahlen 2011 und 2016 Spitzenkandidatin ihrer Partei und gehörte von 2011 bis 2018 dem Mainzer Landtag an; sie selbst würde sich als eine »Allrounderin« bezeichnen. Und was ihren aktuellen Job als Bundesministerin für Ernährung und Landwirtschaft betrifft: Die Kindheit und Jugend auf dem Weingut ihrer Eltern und die Jahre von 2009 bis 2011, in denen sie Parlamentarische Staatssekretärin im Bundeslandwirtschaftsministerium war, hätten sie in spezieller Weise darauf vorbereitet, sagt Klöckner.

Derzeit allerdings hat sie einen schweren Stand. Sie wird nicht nur von Tierschutzverbänden kritisiert, die ihr vorwerfen, dass sie in ihren ersten zwei Jahren im Amt so wenig vorangebracht hat wie kaum einer ihrer Vorgänger oder Vorgängerinnen, dass es den meisten Nutztieren in Deutschland noch immer schlecht geht, dass männliche Küken millionenfach vergast oder lebend geschreddert werden, Muttersauen in engen Kastenständen gehalten werden, in denen sie sich nicht einmal ausstrecken können und viele Hochleistungsmilchkühe an Euterentzündungen leiden.

Sie ist auch in der eigenen Partei nicht unumstritten, in der sie noch vor einiger Zeit als Nachfolgerin von Bundeskanzlerin Angela Merkel gehandelt wurde.

Als Bundeslandwirtschaftsministerin kämpft sie auch um ihre politische Zukunft.

Bevor wir wieder zu unseren Vespas zurückgehen, laufen wir noch ein bisschen am Rand des Sportfeldes entlang. Sie erzählt, dass sie heute noch manchmal hierherkomme, an ihre alte Sportstätte, als Schirmherrin, wenn Bundesjugendspiele ausgetragen würden oder eine Hockeymeisterschaft. Danach erwähnt sie das Konjunkturpaket, das sie am Vortag im Bundeskabinett beschlossen hätten, um die wirtschaftlichen Folgen der Corona-Pandemie abzufedern, und das »wichtige Unterstützung« enthalte, für die Wälder zum Beispiel, für Stallungen, Familien, Mittelständler und für Künstler und Freischaffende, man müsse nur schauen, dass das Geld passgenau ankomme, sagt sie.

Wenn man sie so reden hört, dann läuft alles eigentlich immer super.

Sie setzt ihren Helm auf, einen Jethelm von HJC, der südkoreanischen Marke, mattschwarz, ohne Streifen, ohne Visier, für die Vespa eine stilsichere Variante.

Wir fahren los, um erst mal eine Tasse Kaffee zu trinken.

Sehnsucht

Julia Klöckner ist eine entspannte Fahrerin, sie spielt nicht mit dem Gas, und wenn sie an der Ampel steht, dreht sie nicht den Motor ungeduldig hoch. Sie fährt ruhig, stetig, lenkt mit Bedacht in die Kurve ein, beschleunigt in Maßen und hält sich strikt an die jeweilige Höchstgeschwindigkeit. Schneller als 45 Kilometer pro Stunde läuft ihre Vespa zwar ohnehin nicht, aber auf die Idee, sie zu frisie-

Vespafahren mit Julia Klöckner   259

ren oder ein größeres, schnelleres Modell zu kaufen, wäre sie nicht gekommen. Sie mag ihre Vespa, so wie sie ist, und findet es gerade gut, dass sie auf der Straße »kein Halbstarker« sei.

Sie parkt ihre Vespa unter dem Brauwerk, einem aus Gründen des Hochwasserschutzes auf Stelzen gebauten Brauhaus am Rand des Salinentals, das mit bodenständiger Küche und dem einzigen hausgebrauten Bier in Bad Kreuznach wirbt. Mit den beiden Wirten ist sie befreundet.

Sie komme öfter mal ins Brauwerk, für Bürgergespräche, Diskussionsrunden. Sie mag dieses Brauhaus, auch weil es ihrem Bild von Bad Kreuznach entspricht, bodenständig, aber weltoffen, der Tradition verpflichtet und dennoch modern. »Bad Kreuznach ist schon sehr geerdet, aber auch ein Hotspot für europäische Städtepartnerschaften«, sagt Klöckner. 1958 hätten sich hier Charles de Gaulle und Konrad Adenauer zum ersten Mal auf deutschem Boden getroffen. »In Bad Kreuznach gab es schon immer den Blick aus der Stadt hinaus«, sagt Klöckner, »aus der Nahe-Region hinaus, nicht nur ins benachbarte Ausland, sondern auch transatlantisch.«

Udo Braun, einer der beiden Brauhaus-Inhaber, tritt an den Tisch. Er ist wie sie in Bad Kreuznach geboren. Sie stellt uns untereinander vor. Braun, die Fotografin, die aus Nürnberg stammt, und mich. »Die große weite Welt«, sagt Klöckner: »Bad Kreuznach, Nürnberg und Darmstadt.«

Sie redet gern mit liebevoller Ironie von der Provinz, mit der Selbstgewissheit einer Weitgereisten. Schon 1995, als sie Deutsche Weinkönigin war, durfte sie Papst Johannes Paul II. im Vatikan besuchen, lernte sie Michail Gorbatschow und Nelson Mandela kennen, war sie in China, Malta, den Vereinigten Staaten und im Oman. Als Chefredakteurin des Magazins *Sommelier*, das sie von 2001 bis 2009 leitete, besuchte sie die großen Weingüter der Welt. Heute geht sie als Ministerin auf Reisen, Asien, Afrika, aber auch viel innerhalb Europas. »Ich hab so einen Hang, mit Leuten unterwegs zu sein«, sagt Klöckner. Über ihr Ministerium sagt sie: »Wir sind Ausdruck des Europäischseins.«

Sie verweist auf den Gipfel, den ihr Ministerium jedes Jahr veranstaltet, das »Global Forum for Food and Agriculture«, an dem 75 Agrarminister aus aller Welt teilnehmen und über Themen wie Digitalisierung und Handel in der Landwirtschaft diskutieren. Sie nennt ihren Gipfel: »Das Davos der Landwirtschaft«. Umso schöner findet sie es, heimzukommen, unerwartet in ihrer Stadt aufzutauchen, mit ihrer Vespa vorzufahren und sich unter die Leute zu mischen, bei Lohner's, im Brauwerk, sie genießt diesen Überraschungsmoment, wenn sie einfach da sitzt und niemand mit ihr gerechnet hat – Julia Klöckner, die Ministerin aus Berlin.

»Und ihr braut noch Bier, gell?«, fragt sie Udo Braun, der vor ihr steht.

Braun nickt.

Sie nennt Braun »einen unserer zwei Top-Gastronomen in Bad Kreuznach«.

Braun ist das ein bisschen peinlich.

»Dann eben nur halbtop«, sagt sie.

Julia Klöckner ist nie um Worte verlegen, am besten ist sie, wenn sie spontan sein kann.

Als sie 2019 die Frankfurter Buchmesse besuchte, kam sie an einer Bühne vorbei, auf der gerade Sascha Lobo mit einer Moderatorin saß, die sie nicht kannte. Von der Bühne aus habe Sascha Lobo sie angesprochen. Es war die Zeit, in der die Union gerade über das Video »Die Zerstörung der CDU« des YouTubers Rezo diskutierte. »Die Moderatorin war ganz aufgeregt«, erinnert sich Klöckner, »weil sie sagte: war gar nicht im Plan drin.« Aber das störte Julia Klöckner nicht. »Dann bin ich halt auf die Bühne gegangen«, sagt sie, »und Sascha Lobo und ich fingen an, uns zu unterhalten, und Lobo wollte wissen, was ich von der Zerstörung der CDU halte.« »Na, von der Zerstörung nix«, habe sie geantwortet, gewohnt salopp, nur sei es damals vielleicht keine gute Idee ihrer Partei gewesen, mit einer PDF-Datei auf ein Video zu reagieren.

Sie lächelt.

Man kann ihr vieles vorwerfen, aber das wäre ihr nie eingefallen.

Als Bundeslandwirtschaftsministerin fuhr sie zum Beispiel mal mit dem Rapper Smudo von den »Fantastischen Vier« im Rennwagen, einem Porsche 911 GT3 Cup, über den Nürburgring, fünf Monate nach ihrem Amtsantritt. »Cooler Typ, toller Rennwagenfahrer«, sagt Klöckner, »aber da komme ich dann mit meinem Ministerium ins Spiel, Thema: Nachhaltigkeit. Jetzt denkste ja, Rennsport ist doch nicht nachhaltig«, sagt sie. »Aber wir haben da unsere Fachagentur für nachwachsende Rohstoffe, die in Kooperation mit dem Fraunhofer-Institut und Porsche Leichtbauteile aus Biofaser auf deren Belastbarkeit prüft. Bewährt sich das, ist es für die Serie auf der Straße geeignet.«

Sie hat auch ihr Ministerium neu organisiert. »In jeder Abteilung habe ich jetzt einen Digitalisierungsreferenten installiert«, sagt Klöckner. Erst hätten sich alle dagegen gewehrt, weil es geheißen habe: »Gibt's nicht im Organigramm, weil kein Kästchen vorgesehen ist, als hätten Adam und Eva schon damit gearbeitet. Natürlich haben wir neue Kästchen geschaffen und ein neues Denken mit Blick auf die Digitalisierung und Modernisierung in der Landwirtschaft.« Sie redet von »Precision-Farming«, das »viele Zielkonflikte« lösen helfe, und Pflanzenschutzmitteln, die durch »passgenaues Auftragen« Ernten sicherten und Ressourcen schonten.

Als Bundeslandwirtschaftsministerin müsse man schon »geländegängig« sein, meint sie. Je älter sie werde, desto eher sei da zwar eine »respektvolle Distanz«. Aber in manch männerdominierten Runden würden Frauen gelegentlich noch immer gern unterschätzt.

»Die glaubten zuerst, da sitzt ein nettes Mädel, die macht, was wir sagen, fertig. Der Wunsch wurde aber schnell begraben«, sagt Klöckner.

Sie wisse, wie die meisten Landwirte ticken, sagt sie, sie sei auf einem landwirtschaftlichen Betrieb aufgewachsen, sie habe lang genug auf dem Land gelebt, so leicht könne man ihr nichts vormachen. »Klar kann es nicht schaden, Stallgeruch zu haben, auf dem Traktor groß geworden zu sein und immer ein Paar Gummistiefel im Auto mit dabeizuhaben, sonst wäre ich falsch in dem Job.« Aber das heiße nicht, dass sie deshalb unkritisch mit der Branche umgehe, im Gegenteil. »Ich mute ihr viel zu an Bewegung: Tierwohl, Umweltschutz, Digitalisierung.«

Die Landwirtschaft sei ein Wirtschaftszweig zwischen Tradition und Fortschritt, romantischen Vorstellungen und Technisierung. Einerseits gebe es höchste Erwartungen der Konsumenten, andererseits müssten Landwirte wettbewerbsfähig bleiben, um ausreichend hochwertige Lebensmittel regional erzeugen zu können. »Als Ministerin«, sagt sie, »muss man Kritik aushalten können, weil die Themen so emotional und voller Widersprüche diskutiert werden. Die meisten wollen am liebsten Pflanzenschutzmittel in der Landwirtschaft komplett verboten sehen, aber keiner greift dann im Laden nach den Äpfeln mit den Schädlingen drin.«

Manchmal hört sie sich an, als lebe sie in einer ziemlich verrückten Welt, in der Ministerialbeamte in Kästchendenken verharren, Tierschutzverbände sie zu Unrecht kritisieren und Bauernfunktionäre ihr was vormachen wollten.

Und dann sind da auch noch die Verbraucher, die zwar in Umfragen sagen, sie würden mehr Geld für Bio-Produkte ausgeben wollen, aber es am Ende nicht tun.

Sie beklagt das immer wieder, aber es ist nicht klar, was sie gegen diese Schizophrenie tun will.

Sie hält jedenfalls nichts von Verboten. Während der Prohibition habe es ja trotzdem Schnaps gegeben, nur eben schlechteren. Eine Zuckersteuer lehnte sie mit der Begründung ab, sie wolle sich als Landwirtschaftsministerin nicht als »Geschmacksgouvernante«

aufspielen. Sie ist dagegen, die Leute zu weniger Fleischkonsum zu zwingen, sie findet, was man esse, müsse man am Ende selbst entscheiden.

Wer sich mehr Tierwohl wünscht, soll für Fleisch einfach mehr bezahlen.

Sie spricht von Düngerobotern, die »ressourcenschonend weniger Pflanzenschutzmittel applizieren«, von künstlicher Intelligenz, vom »Thema KI auf dem Acker«, von »Kuhställen der Zukunft, die Bewegungsprofile von Tieren nachvollziehen können«, und von neuen Möglichkeiten, Tierwohl messbar zu machen. Die Landwirtschaft sei inzwischen so modern, so viel weiter als es »vor dem romantischen Auge von vielen« noch scheine. Sie hofft, dass der technische Fortschritt die Widersprüche von allein auflöst, die ihr das Leben als Ministerin derzeit so schwermachen.

»Auf dem Acker geht schon die Hightech-Post ab. Wir reden viel vom autonomen Fahren in der Stadt – auf einigen Feldern ist das bereits Realität«, sagt Klöckner.

Warum aber kommt das so nicht an?

Manchmal, berichtet sie, laufe sie mit ihrem Bruder durch die Weinberge und Wiesen in Guldental, sie rede mit ihm dann über nichtchemische Alternativen für Pflanzenschutzmittel und Biodiversität und wie er das in seinen Arbeitsalltag integriere. »Ich bin sehr, sehr gerne draußen, ich mag eigentlich den Mix, Berlin, Brüssel, Dorf.« Der Einfluss aus verschiedenen Welten rege zum Denken an.

In Berlin sitzt sie manchmal bis spätabends im Büro, was ihr ja eigentlich nichts ausmacht. Aber Dankbarkeit, sagt sie, dürfe man dafür nicht erwarten, jedenfalls nicht in diesem Amt.

»Weil Essen uns alle angeht, redet auch nahezu jeder mit. Es gibt schon viele Hobbyagrarwissenschaftler«, sagt Klöckner. »Im Tagesgeschäft stehen Sie im Wind von beiden Seiten. Den Bauern bin ich zu streng und fordernd, den Umweltverbänden zu viel Bauernversteherin. Sie kriegen von rechts und links eine über die Ohren, genau deshalb bleibt aber der Kopf gerade.«

So kann man das auch sehen: Je mehr Kritik, desto besser, ein pragmatischer Kurs.

Ihre Düngeverordnung verärgert die Bauern, geht aber den Umweltschützern nicht weit genug.

Das Tierwohllabel soll kommen, aber weiterhin nur auf freiwilliger Basis.

Und der sogenannte Kastenstand für Sauen, eine erwiesene Tierquälerei, wird zwar abgeschafft, aber erst in acht Jahren, und das auch nur auf Druck der Bundesländer. Klöckner wollte zunächst längere Übergangsfristen durchsetzen und die gängige Praxis noch 17 Jahre fortführen.

Sie bringt Dinge voran, aber manchmal erst, wenn sie unvermeidbar geworden sind.

Sie macht von allem etwas, aber bloß niemals zu viel.

»Meine Generation und ich wurden in einer recht ideologiefreien Zeit politisiert«, hat Klöckner einmal gesagt. »Es gab keine ›Freiheit- oder Sozialismus‹-Debatten mehr wie Mitte der Siebzigerjahre oder eine ›Lieber tot als rot‹-Debatte wie Anfang der Achtziger.« Sie sieht das aber auch nicht als Nachteil. »Ich finde, man muss mit zwanzig keine Revoluzzerin gewesen sein, um mit vierzig eine gute Politikerin zu werden. Drogenerfahrungen, Sitzblockaden, Inhaftierungen, Auswanderungen oder frisierte Mofas, damit kann ich nicht dienen.«

Ihr Pressesprecher sagt, es gebe andere Ministerien, die »kommunikativ sicher einfacher« zu beherrschen seien als das Landwirtschaftsressort. Aber Klöckner will darüber nicht klagen. Sie lächelt: »Dann hätten wir beide aber auch nie so viel gelernt.«

Klöckner steht auf.

Sie will mir auf der Vespa noch ein bisschen die Gegend zeigen, wofür sie eine schöne Strecke die Nahe entlang ausgewählt hat, von Bad Kreuznach nach Niederhausen, wo sie mit dem TV Guldental einen großen Sieg im Tischtennis errungen hat und schließlich die Weinberge hinauf, wo sie gern sitzt, wenn sie mal Ruhe braucht, allein oder zusammen mit ihrem Mann. »Da oben«, sagt Klöckner, »gibt's 'ne Bank. Ich habe 'ne Decke dabei, und da können wir noch was essen.«

Glück

Bevor sie auf ihre Vespa steigt, checkt sie erst ihr Handy, dann den Himmel.

Er ist dunkler geworden, aber es regnet noch nicht.

»Die Heimat ist schön, da braucht man nicht in Urlaub zu fahren«, sagt sie, dann fahren wir los, sie vorn, ich mit Abstand hinter ihr her. Gelegentlich schaut sie sich um.

Als ich einmal vergesse, den Blinker auszuschalten, sieht sie das im Rückspiegel und gibt mir so lange Zeichen, bis ich mein Versäumnis bemerke. Sie ist sehr bemüht darum, dass an diesem Tag alles gut läuft.

Auf halbem Weg kommt sie plötzlich von der Straße ab, fährt in die Böschung und kippt um. Die Vespa liegt über ihr. Die Sicherheitsbeamten und Pressesprecher, die ihr im Auto hinterhergefahren waren, halten an und drängeln sich um sie herum.

Sie bleibt kurz liegen, schiebt den Roller zur Seite und steht wieder auf.

»Ich hab mir nicht wehgetan«, sagt Klöckner. »Alles gut, Leute, wirklich.«

Sie hat eine Schürfwunde am Knöchel, aber so leicht lässt sich Julia Klöckner nicht unterkriegen; sie ist tapfer, im Alltag offenbar ebenso wie in der Politik.

Als sie sich im rheinland-pfälzischen Landtagswahlkampf 2016 mit ihrem Vorschlag für tagesaktuelle Flüchtlingskontingente von den schlechten Umfragewerten zu befreien versuchte, aber Angela Merkel sie mit ihrem Vorstoß abblitzen ließ, lächelte sie die Demütigung durch die Parteivorsitzende einfach weg.

Als ehemalige Deutsche Weinkönigin hat sie es ohnehin nicht immer leicht gehabt, denn das Klischee von der jungen, weintrinkenden Blondine wurde immer wieder bemüht, seit sie sich 2002 zum ersten Mal in den Deutschen Bundestag wählen ließ.

Als sie 2011 den sozialdemokratischen Ministerpräsidenten von Rheinland-Pfalz, Kurt Beck, ablösen wollte, titelte DER SPIEGEL: »Blond gegen Bart«.

Die *Frankfurter Allgemeine Zeitung* schrieb: »An den Beinen sollt ihr sie erkennen«.

Die *Deutsche Welle* sprach von: »Muttis Schönste«.

Und der *Cicero* nannte Julia Klöckner »blonde Hoffnung«.

Wenn sie auf das Bild der blonden Weinkönigin reduziert wird, sagt sie gerne: »Abitur und Führerschein hab ich übrigens auch.« Oder sie führt die Männer, die ihr noch immer mit Vorurteilen begegnen, mit direkten Nachfragen vor, wie kürzlich bei einer Telefonschalte mit Vertretern von Kreisbauernverbänden, in der es um sehr viele Fachfragen ging.

Sie erzählt, da sei sie »sehr in die Spezifika« gegangen, worauf einer der Männer sich an sie gewandt habe: »Ich muss schon sagen, Sie kennen sich ja aus.« Worauf sie zurückgefragt habe: »Sagen Sie mal, würden Sie das auch bei einem Mann sagen?« Dann hätten alle gelacht, am lautesten eine Landfrau, die einzige andere Frau in der Runde.

Sie könne damit leben, unterschätzt zu werden, sagt Julia Klöckner. Besser als umgekehrt.

Das lässt sich leicht sagen, wenn man wie sie immer einen Mentor hatte, der ihr einen Job anbot, erst als Volontärin, dann als Chefredakteurin, schließlich als Politikerin.

Bewerben musste sich Julia Klöckner jedenfalls nie.

Sie schaut sich jetzt kurz um, um herauszufinden, warum sie mit der Vespa vom Weg abgekommen und gestürzt ist, und entdeckt eine Jägermeisterflasche, die sie offenbar zu Fall gebracht hat.

Ihre Vespa hat sich ein bisschen verzogen, aber sie will sich nicht länger aufhalten lassen. »Okay, wir probieren's«, sagt sie. »Man muss immer gleich weitermachen.«

Sie steigt auf ihre Vespa, noch immer stehen alle betreten um sie herum.

»Also, wer Flaschen wegschmeißt: schlecht!«, sagt Julia Klöckner. Dann fährt sie los.

Freiheit

Wenig später erreichen wir die Bank auf dem Weinberg, unsere nächste Station. Julia Klöckner breitet die Decke aus, von der sie im Brauwerk gesprochen hatte; sie setzt sich: »Wenn Sie hier oben mit dem Rennrad hochgefahren sind, dann haben Sie etwas geschafft«, sagt sie. Sie wisse, wovon sie spreche.

Sie fahre nämlich auch viel Rennrad, zusammen mit ihrem Mann.

Unter ihr liegt die Ortschaft Oberhausen an der Nahe, ein Dorf mit weniger als 400 Einwohnern, noch kleiner als Guldental, das Dorf, aus dem sie stammt, das immerhin knapp 2500 Einwohner zählt. Sie sagt: »Dieses Dorf hat beim Bundeswettbewerb ›Unser Dorf hat Zukunft‹ 2019 den 3. Platz belegt.« »Unser Dorf hat Zukunft« ist ein Preis des Bundeslandwirtschaftsministeriums, der auf der Grünen Woche in Berlin verliehen wird, von der Bundeslandwirtschaftsministerin persönlich. »Ich war nicht in der Jury«, sagt Klöckner, »ich hab mich extra rausgehalten.« Aber natürlich findet sie, dass die Auszeichnung nicht unverdient ist. »Tolle Dorfgemeinschaft«, sagt sie.

Sie hat ein ambivalentes Verhältnis zu Dörfern, zu der Enge, aus der sie stammt. Ihr Vater pflegte zu sagen, ihr Jahrgang, 1972, sei kein guter Jahrgang für Weine, aber ein guter für Töchter. Es stand nie zur Debatte, dass sie eines Tages das Weingut ihrer Eltern übernehmen würde, von Anfang an war klar, dass ihr älterer Bruder den Hof weiterführen würde.

Sie wollte eigentlich Gymnasiallehrerin werden, eine Zeit lang arbeitete sie als Religionslehrerin an der Pestalozzi-Grundschule in Wiesbaden-Biebrich, aber irgendwann schreckte sie die Vorstellung, dass die Schüler an ihr vorbeiziehen, während sie als Lehrerin bleiben würde. Sie fürchtete sich davor, nicht mehr wegzukommen.

»Gucken Sie mal, was für 'ne Gegend das ist, der Knaller hier, der Hammer«, sagt sie.

Aber man müsse sich immer auch fragen, was in den Köpfen der Menschen, die in einer so schönen Gegend wohnten, vorgehe, ob da auch unterschiedliche Lebensentwürfe gelebt werden könnten. Manchmal gebe es Druck, »Harmonieterror«, nennt sie das. Ihre Freizeit verbrachte sie so wie die anderen Kinder. »Es gab kein ›Taxi Mama‹ oder ›Taxi Papa‹«, erzählt sie über ihre Kindheit in Guldental. »Wenn wir Kinder Glück hatten und vor uns gerade ein Traktor ins Dorf fuhr, sprangen wir drauf und dann wieder ab. Ich war also nur in Vereinen, die ich mit dem Fahrrad erreichen konnte.« Und Urlaub, fügt sie oben auf dem Weinberg hinzu, hätte ihre Familie »mal drei Tage irgendwo in einer Pension im Bayerischen« gemacht.

Sie schaut ins Tal, auf Oberhausen, das prämierte Dorf.

»Aber die hier«, sagt sie, »die sind richtig gut drauf.«

Einer ihrer Sicherheitsbeamten reicht eine Box mit belegten Broten herum, große rustikal belegte Käsebrote, in Alufolie eingeschlagen und mit Namen beschriftet.

Sie packt ihre Stulle aus.

»Also, alle essen«, sagt Klöckner, »sonst gibt's heute nichts mehr.«

Während sie kaut, lässt sie den Blick über die Hänge schweifen: »Also das hier ist Biodiversität«, sagt sie. In der Hauptstadt würden die Leute gerne mal über den ländlichen Raum reden und erklären, wie Artenvielfalt aussehen müsste. Dass dann die Leute hier manchmal genervt seien, von so einer »Ballungszentrumssicht« belehrt zu werden, könne sie verstehen. »Aber wenn Sie hier mal runterschauen und eine kultivierte Landschaft sehen wie hier, dann ist das ein Hort für Artenvielfalt, gerade in dieser Auen- und Flusslandschaft.«

Und nach einer kurzen Pause: »Und die Vögel hören Sie, also ich zumindest.«

Sie beißt in ihr Brot.

»Schmeckt's?«, fragt sie in die Runde.

Alle finden, dass es schmeckt.

»Sind auch gut belegt«, sagt Julia Klöckner.

Für sie hat Politik unter anderem etwas mit Wohlfühlen zu tun, die Leute, sagt sie, wollen »in ihrem Alltagsleben nicht von Politikern gegängelt werden. Für viele Bürger ist die beste Politik die, von der sie nichts mitbekommen.« Es ist ein Lebensgefühl, das sie teilt. Auch sie könne es nicht leiden, wenn man sich in das Leben anderer zu sehr einmischen würde, wenn man die eigenen Maßstäbe auf andere anwende.

Das habe sie zum Beispiel vor einigen Monaten einmal in einem Interview mit der *Zeit* erlebt, da hatte sie das Gefühl, von Beginn an in eine bestimmte Ecke gedrängt zu werden. Die erste Frage lautete: »Frau Klöckner, darf man Tiere töten nur für den Geschmack?« Die zweite: »Darf man Tieren Schmerzen zufügen?« Bis heute hat sie noch den Blick des Journalisten in Erinnerung, der offenbar Veganer ist und entsetzt war, dass es zum Kaffee Kuhmilch gab. Aber Klöckner hatte nur Kuhmilch, sonst nichts.

Er hätte sie daraufhin angeschaut, als habe sie ihm Blut hingestellt. Sie lacht.

Zu Hause wäre ihr das nicht so schnell passiert.

Sie kehrt immer wieder gern in die alte Heimat zurück. Nachhausekommen, hat sie einmal gesagt, sei für sie ein »Gänsehaut-Moment«.

Als Bundeslandwirtschaftsministerin, sagt Klöckner, sitze sie »auf dem Präsentierteller«. Wenn sie einkaufen gehe, schaue ihr jeder in den Einkaufskorb. Die Leute würden wissen wollen, was die deutsche Landwirtschaftsministerin so isst. Sie sei da inzwischen sehr vorsichtig geworden. Es gebe zum Beispiel eine Salzbutter, die die Kinder ihres Mannes sehr gern mögen, aber das sei eine irische Butter, und wenn sie dabei ertappt würde, wäre das möglicherweise nicht ganz so gut.

Es hat zu regnen begonnen. Sie schlägt vor, dass wir schnell nach Bad Kreuznach zurückkehren. Es ist schon genug passiert an diesem Tag.

Vertrauen

Wir fahren ein Stück den Weinberg hinunter, doch der Regen wird stärker.

Wir retten uns ins Auto ihrer Sicherheitsbeamten, wir sind schon jetzt unangenehm durchnässt. »Gut, dass es regnet«, sagt Julia Klöckner vom Beifahrersitz aus.

Sonst hätte sie wieder Geld für die Dürrehilfen einplanen müssen.

Wir wollen warten, bis der Regen aufhört.

Klöckner nimmt ihr Handy aus der Tasche. »Wir haben noch ein bisschen Brot, mein Handy ist noch zu 37 Prozent geladen, da kann man noch ein bisschen Regierungsarbeit machen«, sagt sie. Sie stellt fest, dass ihre Mailbox »vollgelaufen« ist und ihr Ministerium eine Pressemitteilung zum Konjunkturpaket geschrieben hat, die sie noch nicht kennt. Sie habe gute Mitarbeiter, sie wisse, dass sie sich auf sie verlassen könne.

»Wird schon alles so stimmen«, sagt sie.

Es sieht nicht so aus, als würde es bald aufhören zu regnen, aber als der Regen nachlässt, steigen wir wieder auf unsere Vespas. Julia Klöckner sagt, sie wolle kurz nach Hause fahren, um sich umzuzie-

hen. Sie müsse gleich noch vor dem Kurhaus ein Fernsehinterview zum Konjunkturpaket geben, danach hätte sie aber noch ein bisschen Zeit. Bei dem Regen würde es zwar nichts mehr bringen, wie geplant durch Bad Kreuznach zu spazieren, stattdessen schlage sie vor, dass wir uns auf Kaffee und Kuchen im Café Wahl am Kurhaus treffen, einem Kaffeehaus mit »anerkannter Feinbäckerei«, wo es, wie sie versichert, den besten Kuchen und die besten Torten von ganz Bad Kreuznach gibt.

»Ich komme dann mit meinem Mini«, sagt sie.

Eine Dreiviertelstunde später sitzen wir im Café Wahl, sie hat sich einen Cappuccino und ein Stück Käsekuchen bestellt und erzählt, wie gerne sie selber backt und kocht.

Zu Hause habe sie einen Thermomix, der ihr alles abnehme, bis auf den Einkauf. Sie albert ein bisschen herum und findet schließlich, es müsse einen Thermomix geben, der im Internet automatisch eine Bestellung aufgibt, wenn man sich für ein bestimmtes Gericht oder einen Kuchen entschieden habe. Vielleicht sollte sie sich diese Idee patentieren lassen.

Neulich habe sie Angela Merkel von ihrem Thermomix erzählt, sie, Klöckner, schwärmte davon, wie einfach man damit kochen könne. Aber Merkel schaute sie verständnislos an.

»Ich kann doch kochen«, meinte sie nur.

Sie lacht. Wir kommen noch einmal auf ihre Jugend zu sprechen, ihr Tischtennistraining, die Welt, in der alles easy war.

»Wissen Sie, was aus der Lameng heißt?«, fragt Klöckner.

Man sage das so bei ihr in Rheinland-Pfalz, es komme von »la main«, Hand auf Französisch, und heiße so viel wie Dinge »aus dem Stegreif« tun, zu improvisieren.

Sie schaut auf die Uhr. Es ist spät geworden, sie muss noch ein paar Anrufe und E-Mails beantworten, ihre Mailbox, sagt sie, sei wieder mal »vollgelaufen«.

Sie steht auf.

Bürger erkennen sie und wollen wissen, wie es ihr geht, was die Regierungsarbeit macht. Julia Klöckner hat es aber eilig.

»Ihr Lieben«, sagt sie, »jetzt muss ich wieder das Land retten.«

Dank

Viele Freunde und Kollegen haben mich bei der Arbeit an diesem Buch mit Ideen und Korrekturen unterstützt. Jedem einzelnen möchte ich dafür danken. Ganz besonders geholfen hat mir mein SPIEGEL-Kollege Markus Dettmer, der nicht nur alle Texte in ihrer ersten Fassung gelesen hat, sondern selbst spät am Abend noch kluge Ideen hatte, wenn ich beim Schreiben nicht mehr weiterwusste. Sehr unterstützt hat mich auch Dirk Kurbjuweit, ebenfalls SPIEGEL-Kollege; seine Anregungen zu meinen Texten waren außergewöhnlich wertvoll. Thorsten Oltmer, langjähriger SPIEGEL-Dokumentar, hat das Buch mit gewohnter Akribie verifiziert; für seine unverzichtbaren Korrekturen mein ganz herzlicher Dank. Eine große Freude war mir auch die Zusammenarbeit mit Christiane Naumann von der Deutschen Verlags-Anstalt, die das Buch klug und sprachlich präzise lektoriert hat. Dank an Angelika Mette vom SPIEGEL-Verlag für die Betreuung des Projekts.

Ich hatte das Glück, hervorragende Fotografen an meiner Seite zu haben, die mit ihren Bildern den Protagonisten dieses Buches in bemerkenswerter Weise nahegekommen sind. Ich danke ganz herzlich, auch für Ideen, viele Gespräche und kritische Lektüre der Texte: Sonja Och, Dennis Williamson, Hannes Jung und Gene Glover. Dank auch an Peter Rigaud für die Autorenfotos; an Matthias Krug von der SPIEGEL-Bildredaktion für die engagierte Unterstützung des gesamten Projekts. Meiner Familie danke ich für ihre Geduld, meiner Frau Heidi Hujer für zahlreiche kritische Anmerkungen und Korrekturen.

Fotografen

Gene Glover, geboren 1974 in New York, lebt in Berlin und arbeitet als freier Fotograf für nationale und internationale Zeitungen, Zeitschriften und Werbekunden, darunter *New York Times Magazine*, *Sunday Times*, *The Atlantic*, DER SPIEGEL, *Die Zeit*, *Stern*, *GEO*, *Adidas, Nike* und *YouTube*. Für dieses Buch fotografierte er Katrin Göring-Eckardt.

Hannes Jung, geboren 1986 in Bremen, lebt in Berlin und ist als Fotograf für nationale und internationale Magazine und Zeitungen tätig. Seine Arbeiten wurden unter anderem im Brandenburgischen Landesmuseum für moderne Kunst, bei C/O Berlin und dem Copenhagen Photo Festival gezeigt. Für seine Projekte erhielt er mehrfach Auszeichnungen, unter anderem den Otto-Steinert-Preis, den Kunstpreis Lotto Brandenburg sowie Rückblende – Preis für politische Fotografie. Für dieses Buch porträtierte er Kevin Kühnert und Lars Klingbeil.

Sonja Och, geboren 1984 im bayerischen Pegnitz, arbeitet seit 2014 als freie Fotojournalistin für Magazine und Zeitungen wie DER SPIEGEL, *Stern, Cicero, Die Zeit.* Sie erhielt mehrere internationale Auszeichnungen. Ihr Schwerpunkt liegt in der Reportagefotografie. Für dieses Buch porträtierte sie Gerhard Schröder, Julia Klöckner, Markus Söder, Anton Hofreiter und Christian Wulff.

Dennis Williamson, geboren 1984 in Buxtehude, lebt in Hamburg und arbeitet als freier Fotograf für Zeitungen und Magazine wie DER SPIEGEL, *Die Zeit* und *Stern,* außerdem für Agenturen, Verlage, Künstler und politische Parteien. Er produziert Porträts, Reportagen und Kampagnen. Für dieses Buch fotografierte er Christian Lindner, Sahra Wagenknecht und Philipp Amthor.

Literatur

Heinrich Böll: *Die verlorene Ehre der Katharina Blum.* Verlag Kiepenheuer & Witsch, Köln 1974.

Kurt Braunmüller: *Tanzen.* Rowohlt Taschenbuch Verlag, Reinbek bei Hamburg 1997.

Roman Deininger / Uwe Ritzer: *Markus Söder. Politik und Provokation.* Droemer Verlag, München 2018.

Brad Gilbert / Steve Jamison: *Winning Ugly.* Klampen Verlag, Lüneburg 1993.

Katrin Göring-Eckardt: *Ich entscheide mich für Mut.* Kreuz Verlag, Hamburg 2017.

Anton Hofreiter: *Fleischfabrik Deutschland.* Wilhelm Goldmann Verlag, München 2017.

Anton Hofreiter: *Die infragenerische Gliederung der Gattung Bomarea Mirb. und die Revision der Untergattungen Sphaerine (Herb.) Baker und Wichuraea (M. Roemer) Baker (Alstroemeriaceae).* Dissertation Ludwig-Maximilians-Universität München, München 2003.

Nick Hornby: *Fever Pitch*. Verlag Kiepenheuer & Witsch, Köln 1992.

Michel Houellebecq: *Serotonin*. DuMont Buchverlag, Köln 2019.

Franz Kafka: *Der Proceß*. Fischer Taschenbuch Verlag, Frankfurt am Main 2008.

Julia Klöckner: *Zutrauen!* Verlag Herder, Freiburg im Breisgau 2015.

Christian Lindner: *Schattenjahre*. Klett-Cotta, Stuttgart 2017.

Thomas Mann: *Doktor Faustus*. S. Fischer Verlag, Frankfurt am Main 1990.

Ulf Poschardt: *911*. Klett-Cotta, Stuttgart 2013.

Christian Schneider: *Sahra Wagenknecht*. Campus Verlag, Frankfurt am Main 2019.

Gregor Schöllgen: *Gerhard Schröder*. Deutsche Verlags-Anstalt, München 2015.

Christian Wulff: *Ganz oben. Ganz unten*. Verlag C.H. Beck, München 2014.

Der Verlag weist ausdrücklich darauf hin, dass im Text enthaltene externe Links vom Verlag nur bis zum Zeitpunkt der Buchveröffentlichung eingesehen werden konnten. Auf spätere Veränderungen hat der Verlag keinerlei Einfluss. Eine Haftung des Verlags ist daher ausgeschlossen.

MIX
Papier aus verantwor-
tungsvollen Quellen
FSC® C011124

Verlagsgruppe Random House FSC® N001967

1. Auflage Oktober 2020
Copyright © 2020 Deutsche Verlags-Anstalt, München, in der Verlagsgruppe Random House GmbH, Neumarkter Straße 28, 81673 München, und SPIEGEL-Verlag Rudolf Augstein GmbH, Hamburg, Ericusspitze 1, 20457 Hamburg
Umschlag: Büro Jorge Schmidt, München
Umschlagmotive: © Sonja Och/laif (Söder, Hofreiter, Schröder), © Dennis Williamson (Lindner, Wagenknecht), © Gene Glover (Göring-Eckardt), © Hannes Jung (Klingbeil, Kühnert)
Gestaltung und Satz: DVA / Andrea Mogwitz
Gesetzt aus der Meta Serif
Repro, Druck und Bindung: Mohn Media Mohndruck GmbH, Gütersloh
Printed in Germany
ISBN 978-3-421-04847-9

www.dva.de

Dieses Buch ist auch als E-Book erhältlich.

Die letzten Zeitzeugen

ISBN
978-3-421-04714-4
288 Seiten mit
zahlreichen Abb.
Dieses Buch
ist auch als E-Book
erhältlich

Weltweit haben SPIEGEL-Redakteure und -Mitarbeiter zwanzig Holocaust-Überlebende besucht, um sie nach ihren Erfahrungen in der Todesfabrik Auschwitz zu befragen. Aus den Gesprächen entstanden umfangreiche Protokolle, die von einer Zeit kaum vorstellbarer Ängste und Leiden zeugen. Begleitet werden die beeindruckenden Schilderungen von Porträts, die die Fotografen Sara Lewkowicz und Dmitrij Leltschuk anfertigten.

»Eindringlich, verstörend, schonungslos sind die Berichte. Groß die Würde, die diese Menschen ausstrahlen.«

Deutschlandradio Kultur

DVA